JOSÉ MARTÍ

Dados Internacionais de Catalogação na Publicação (CIP)
(Câmara Brasileira do Livro, SP, Brasil)

Valdés Puentes, Roberto
   José Martí / por Roberto Valdés Puentes, Mario
Valdés Navia ; tradução José Ricardo Amaral de
Souza Cruz. — São Paulo : Ícone, 2004. —
(Série pensamento americano / coordenador Wanderley
Loconte)

   Título original: José Martí
   Bibliografia.
   ISBN 85-274-0781-7

   1. América Latina - Civilização 2. América
Latina - História 3. América Latina - Vida
intelectual 4. Cuba - História 5. Cultura -
América Latina 6. Martí, José, 1853-1895
I. Valdés Navia, Mario. II. Loconte, Wanderley.
III. Título. IV. Série.

04-1249   CDD-305.552097291

Índices para catálogo sistemático:

1. Intelectuais cubanos : Biografia 305.552097291

JOSÉ MARTÍ

Por **Roberto Valdés Puentes**
Mario Valdés Navia

Coordenador da série
Wanderley Loconte

Tradução
José Ricardo Amaral de Souza Cruz

© Copyright 2004.
Ícone Editora Ltda.

Projeto editorial e edição de texto
Wanderley Loconte

Revisão e preparação de originais
Rosa Maria Cury Cardoso

Diagramação
Andréa Magalhães da Silva

Proibida a reprodução total ou parcial desta obra,
de qualquer forma ou meio eletrônico, mecânico,
inclusive através de processos xerográficos,
sem permissão expressa do editor
(Lei nº 9.610/98).

Todos os direitos reservados pela
ÍCONE EDITORA LTDA.
Rua Lopes de Oliveira, 138 – 01152-010
com Rua Camerino, 26 – 01153-030
Barra Funda – São Paulo – SP
Tel./Fax.: (11) 3666-3095
www.iconelivraria.com.br
editora@editoraicone.com.br
edicone@bol.com.br

ÍNDICE

Vida e obra, 7

Época e pensamento, 19

Temas, 47
Martí e a "Nossa América", 49
Martí e a América européia, 58
Martí, economia e sociedade, 75
Martí e a filosofia, 81
Martí e a história, 87
Martí e a educação, 98
Martí e a religião, 118
Martí e a literatura, 127
Martí e o jornalismo, 133

Bibliografia, 141

Vida e obra

"O verdadeiro Homem não olha de que lado se vive melhor, mas, de que lado está o dever: Esse é o verdadeiro Homem, o único Homem prático, cujo sonho de hoje será a lei de amanhã"

José Martí

De personalidade multifacetada e original, José Martí é síntese fundamental do processo social contraditório e fluído da época colonial cubana e latino-americana. Herdeiro do melhor das gerações que o precederam, e paradigma para aqueles que ainda hoje continuam acreditando que é necessário e possível um projeto social mais justo para os "pobres da terra com os quais sua sorte ele quis depositar", Martí foi considerado por Fidel Castro como o mais genial e universal dos políticos cubanos e pelo escritor espanhol Miguel de Unamuno, juntamente com Bolívar e Sarmiento, um dos ápices do espírito americano no século XIX.

Martí se destacou como político, estadista, orador, prosador, poeta, crítico de arte e de literatura, pedagogo, catedrático, tradutor, agitador, conspirador e soldado. Foi também o democrata revolucionário, anti-racista, latino-americanista, e antiimperialista, que soube aglutinar em sua figura brilhante e eclipsante, o homem de idéias profundas, com o homem de ação, que consagrou sua vida breve em tornar realidade seu sonho maior: elaborar e pôr em prática um programa revolucionário, para obter a verdadeira e definitiva independência de Cuba e da América.

Referindo-se a Martí, João Paulo II disse que sua doutrina "sobre o amor entre os Homens, tem raízes profundamente evangélicas, superando assim o falso conflito entre a fé em Deus e o amor e o serviço à pátria"; e o poeta nicaragüense Rubén Darío, que admirava "aquele cérebro cósmico, aquela alma vasta, aquele concentrado e humano universo, que teve de tudo: a ação e o projeto sonhador, o ideal e a vida, e uma morte épica, e na América, uma imortalidade assegurada".

José Julián Martí Pérez nasceu a 28 de janeiro de 1853, numa casinha modesta na Rua Paula n° 41, em Havana, no mesmo ano em que Cuba perdia dois de seus políticos mais destacados, o aristocrata Domingo del Monte e o presbítero Félix Varela.

Foi o primeiro e único varão dos oito filhos de Mariano Martí y Navarro, natural de Valência, Espanha, primeiro sargento do Real Corpo de Artilharia, e de Leonor Pérez Cabrera, natural de Santa Cruz de Tenerife, Ilhas Canárias.

Aos nove anos, teve seu primeiro contato direto com o sistema escravista e a partir daí, se revolta com a crueldade do regime que imperava em Cuba, ao presenciar como açoitavam impiedosamente um escravo negro. Muitos anos depois, iria expressar num de seus versos, o significado que aquele fato teve em sua futura vida de revolucionário: "E os negros? Quem viu açoitar um negro, não se considera para sempre seu devedor? E eu o vi quando era menino, e no entanto, não se apagou a vergonha das minhas pupilas (...) e eu o vi e jurei a mim mesmo, desde então, sua defesa".

Deu início aos estudos formais aos seis anos, na pequena escola do bairro. Mais tarde, ingressou no então prestigioso colégio San Anacleto, dirigido pelo educador Rafael Sixto Casado, de quem recebeu uma positiva influência, principalmente no domínio da língua de Cervantes. Conheceu Fermín Valdés Domínguez, travando com ele uma amizade que logo passaria a ser profunda e essencial na vida de ambos.

Por seus grandes méritos humanos e pela inteligência que se sobressaía, conquistou aos treze anos, o coração do eminente educador e patriota cubano Rafael María de Mendive. Por intermédio deste, matriculou-se com honra na Escola de Instrução Primária Superior Municipal para Meninos, da qual era diretor. Sob a tutela de Mendive, que passou a exercer o papel de um segundo pai, começou a adquirir o perfil de seus princípios revolucionários. Esta influência quase paternal do mestre, Martí vai reconhecer alguns anos mais tarde em carta escrita por ocasião de sua primeira deportação para a Europa: "(...) muito sofri, porém, tenho a convicção de que soube sofrer e se tive forças para tanto e se me sinto com forças para ser verdadeiramente um homem, somente ao senhor, o devo e somente do senhor é quanto tenho de bom e carinhoso".

Algum tempo depois, matriculou-se no colégio particular "São Paulo", de propriedade de Mendive. Aí, terminou por descobrir em seu mestre a harmoniosa combinação do homem de letras, do professor e do patriota, e a seu lado encontrou um ambiente fértil e propício para desenvolver suas aspirações e inquietações, tanto intelectuais, como patriótico-revolucionárias. Participou de tertúlias e reuniões políticas junto a intelectuais e revolucionários da magnitude de Roberto Escobar, Valdés Fauli, Cristóbal Madan e dos irmãos Sellen. Quando estava livre e só, traduzia poemas de Byron.

Antes já o havia tentado com *Hamlet*, do escritor inglês William Shakespeare.

Ao ocorrer em La Demajagua, a 10 de outubro de 1868, o grito de independência ou morte, que colocou o país em estado de guerra contra o colonialismo espanhol, Martí tinha apenas quinze anos. Não obstante, apesar de sua pouca idade, e contra a vontade de seus pais espanhóis, participou junto com Fermín Valdés Domínguez e outros amigos, de atos e manifestações a favor da liberdade de sua amada Pátria. Publicou seu soneto *El Diez de Octubre*; no único número do jornal clandestino *El Diablo Cojuelo*, no qual colaborou com um artigo de fundo; e no primeiro número de seu jornal *La Pátria Libre*, onde dá a conhecer seu belo drama poético revolucionário escrito especialmente para a pátria, *Abdala*: "O amor à pátria, mãe/ não é o amor ridículo à terra / nem à grama que pisam nossos pés/ é o ódio invisível a quem a oprime/ É o rancor eterno a quem a ataca..."

Em meio à guerra, Martí já não foi o mesmo de antes. Abandonou os estudos de bacharelato com o encarceramento e posterior deportação do mestre Mendive. Dedicou-se a trabalhar por algum tempo no escritório de um advogado, velho amigo de Mendive. Em outubro de 1869 foi acusado, junto com Fermín, de infidelidade, por escrever uma carta onde chamavam de traidor a um colega que acabava de ingressar no Exército Espanhol. Foi feito prisioneiro e condenado a seis anos de trabalhos forçados nas pedreiras de San Lázaro, Havana, depois de assumir sozinho a autoria da única prova pela qual estavam ambos sendo julgados. Na carta escrita à sua mãe, do presídio em 10 de novembro de 1869, dizia: "Sinto demais, estar posto entre as grades; mas minha prisão tem-me sido muito útil. Isto me serviu muito de lição em relação à vida, que sinto vai ser curta, e não deixarei de a aproveitar". E no verso de uma foto, dedicou este poema: "Olha-me, mãe e não chores por amor:/ se como escravo da minha idade e das minhas doutrinas,/ teu coração mártir crivei de espinhos,/ pensa que entre espinhos nascem flores".

Seis meses mais tarde, a família conseguiu que o transferissem à Isla de Pino (hoje Ilha da Juventude), mas já havia sofrido na pele e na alma as feridas dos grilhões e do trabalho que causam as pedreiras. Em janeiro de 1871 foi deportado para a Espanha. Na metrópole, sofreu a falta da família, dos amigos e da Pátria que amava, mas trabalhou, escreveu e estudou. Concluiu o bacharelato, matriculou-se primeiro na Universidade Central de Madri e logo depois na de Zaragoza. Publicou na imprensa nacional artigos polêmicos contra o colonialismo espanhol e a favor da liberdade de Cuba. Ganhou a vida dando aulas particulares. Em 1874 graduou-se como Licenciado em Direito Civil e em Filosofia e Letras, nesta última com excelentes notas. Os três anos que viveu na Espanha, embora duros, tiveram muita importância em sua formação. Familiarizou-se com os clássicos espanhóis e com seus pintores.

Visitou várias cidades européias. Na França conheceu o poeta Victor Hugo, e daí embarcou para a América dirigindo-se ao México. No país asteca concluiu sua formação como jornalista e crítico, e levou uma vida intelectual intensa. Começou a publicar trabalhos na *Revista Universal*, da qual mais tarde foi redator; foi sócio do Liceu Hidalgo; fez traduções, escreveu e encenou uma peça de teatro e fundou com vários intelectuais a Sociedade Alarcón.

Frente à situação política do país, rumou à Guatemala com cartas de recomendação. Foi nomeado catedrático de Literatura Francesa, Inglesa, Italiana e Alemã e da História da Filosofia na Escola Normal da Guatemala, que era dirigida pelo seu compatriota José María Izaguirre, e também professor na Universidade da Guatemala. Em homenagem ao país centro-americano, escreveu o folhetim, *Guatemala*, que publicou no México em 1878.

Foi ao México para casar-se com a cubana Carmen Zayas Bazán (1853-1928) e regressou imediatamente à Guatemala. Apesar disso, aproveitando o final da Guerra dos Dez Anos, que autorizava o regresso dos exilados políticos, retornou com sua esposa a Cuba em julho de 1878. Começou a trabalhar em dois escritórios de advocacia, mas impediram-no de trabalhar como advogado por não dispor do título. Lecionou em colégios particulares. Foi eleito Secretário da Seção de Literatura do Liceu Artístico e Literário de Guanabacoa e sócio da Seção de Instrução do Liceu Artístico e Literário de La Regla. Foi preso novamente por conspiração contra a Espanha. Foi deportado pela segunda vez para a metrópole. Chegou a Madri, visitou novamente a França, onde conheceu Sarah Bernardt e Flammario Carmen, e partiu em seguida para os Estados Unidos. Em janeiro de 1880 estava em Nova

York. Viajou para a Venezuela em março de 1881, pronunciou vários discursos, escreveu no *La Opinión Nacional*, publicou os dois únicos números de sua *Revista Venezolana*, com seu notável artigo sobre o pensador Cecilio Acosta. Em julho do mesmo ano voltou a Nova York.

Entre 1881 e 1895 desenvolveu a etapa mais importante de sua vida como dirigente revolucionário e como escritor. Instalou-se definitivamente em Nova York e viveu ali pelo espaço de quinze anos. Foi nomeado Presidente interino do Comitê Revolucionário Cubano de Nova York. Publicou inúmeros artigos em jornais e revistas naquele país e em *La Opinión* da Venezuela, *La Nación* da Argentina, *El Partido Liberal* do México, *La República* de Honduras e *La Opinión Pública* do Uruguai. Dividiu o auge das atividades jornalísticas e literárias com responsabilidades diplomáticas como as de Cônsul da Argentina e do Paraguai em Nova York e representante do Uruguai na Comissão Monetária Internacional Americana, em Washington.

Já era, então, o escritor espanhol mais lido e admirado no continente. O político, pensador e escritor argentino Domingo Faustino Sarmiento, ao recomendar que se traduzisse um texto martiniano para o francês, em 1887 disse: "em espanhol não há nada que se assemelhe ao estilo de Martí e depois de Victor Hugo, a França nada apresenta, com sua ressonância metálica". Tanto é assim, que um ano depois o poeta nicaragüense Darío diria: "escreve, ao nosso ver, de forma mais brilhante que nenhum outro da Espanha ou da América". Era também um grande conhecedor de línguas (francês, inglês, alemão, italiano, latim, grego, hebraico e possuía algum conhecimento de russo e de quíchua).

Fisicamente era um homem comum, de estatura mediana e magro. Vestia-se de maneira modesta, mas com aprumo. Usava freqüentemente terno e gravata pretos, como símbolo de luto pela escravidão de sua pátria, e um anel de ferro, onde estava gravada a palavra Cuba, feito com um pedaço da corrente que levou numa das pernas quando esteve preso.

O revolucionário Enrique Collazo o descreve desta maneira: "Tinha um corpo pequeno, magro; tinha o movimento embutido em seu ser; seu talento era grande e variado, seu cérebro via rápido e alcançava longe; de temperamento fino, era um lutador inteligente e tenaz, que tinha viajado muito, conhecia o mundo e os homens; sendo excessivamente irascível e absolutista, sempre dominava seu caráter, transformando-se num homem amável, carinhoso, atento, sempre disposto a sofrer pelos demais; apoio do fraco, mestre do ignorante, protetor e pai carinhoso dos que sofriam (...) Era muito nervoso, um homem de ardil; queria andar tão depressa como seu pensamento, o que era impossível. Subia e descia as escadas como alguém que não tivesse pulmões. Era um errante, sem casa, sem baú e sem roupas; dormia no hotel mais próximo em que o surpreendesse a noite ou o sono; comia onde fosse mais apropriado ou mais barato, sabia como pedir uma comida e no entanto, alimentava-se pouco; passava dias inteiros só com vinho Mariani; (...) Era um homem de um grande coração, que precisava de um lugar para querer e ser querido..."

Em 1891, quando as condições internas em Cuba prenunciavam a aproximação de um novo enfrentamento bélico, Martí deu início a seu mais importante trabalho revolucionário: preparar o que ele mesmo chamou de "guerra necessária". Renunciou a todos os cargos anteriores e empreendeu o caminho que mais tarde o levaria, com a morte física, à imortalidade espiritual. Fundou em 1892 o Partido Revolucionário Cubano, como um dos passos mais decisivos na organização da luta libertária e uma de suas contribuições mais significativas, e o jornal *Pátria,* órgão do referido partido e dos exilados cubanos. Sua atividade a partir daquele momento não parou mais. Convocou as reuniões, pronunciou discursos, escreveu cartas para líderes da revolução anterior, uniu os novos e os velhos revolucionários, e quando estavam criadas todas as condições para o novo período de guerra, foi incorporar-se à mesma, contra a vontade dos cubanos que acreditavam que sua valiosa vida devia ser preservada acima de qualquer circunstância.

No dia 18 de maio de 1895, enquanto descansava no acampamento militar, aproveitou para escrever uma carta a seu irmão de alma, o mexicano Manuel Mercado, na qual diz: "... corro todos os dias, o risco de dar a vida pelo meu país e pelo meu dever, visto que tenho compreensão e ânimo com que realizá-lo, de impedir a tempo com a independência de Cuba, que os Estados Unidos se estendam até as Antilhas e caiam com mais essa força, sobre nossas terras da América".

Esta seria sua última carta e ficou por concluir. Um dia depois, ante a iminência de um combate e descumprindo uma ordem do Major-General Máximo Gómez, que lhe havia pedido que se retirasse do campo de batalha, Martí montou em seu cavalo e foi combater, convencido de que estava ante a primeira oportunidade de mostrar com atos, o que havia pregado com palavras durante tantos anos. De repente, uma bala destroçou sua mandíbula, outra lhe abriu o peito e a terceira a coxa direita. Tombou gravemente ferido e seu corpo não pôde ser recuperado. Martí tinha somente quarenta e dois anos de idade. A guerra apenas começava e seu maior líder já estava morto. Máximo Gómez, relatando em seu Diário de Campanha este dramático acontecimento, expressa com dor amarga: "Que guerra esta! (...) Já nos falta o melhor dos companheiros e podemos dizer, a alma do levante". Darío, em *La Nación*, de Buenos Aires, também lastima a perda: "Oh, Mestre, que fizeste! – e acrescenta mais adiante – O cubano era um homem. Mas entretanto: era como deveria ser o verdadeiro super-homem: grande e viril; possuído pelo segredo de sua existência, em comunhão com Deus e com a natureza".

Depois de quatro enterros diferentes, seus restos foram depositados em 30 de junho de 1951 em um monumento construído no cemitério de Santa Ifigênia, na cidade de Santiago de Cuba. Ali descansam desde então, com a custódia permanente da única coisa que pedia para depois de sua morte: "Eu quero, quando morrer,/ sem pátria, mas sem um amo,/ ter em minha lousa um ramo/ de flores, – e uma bandeira!".

José Martí escreveu muito e sobre os mais diversos assuntos; porém, não compôs em prosa nenhuma obra de grande magnitude. Faltou-lhe o tempo para escrever livros que exigiam mais dedicação e repouso. Entretanto, sua obra escrita é monumental se comparada com sua morte prematura. A compilação mais completa de seus escritos já chega a vinte e oito volumes. Dos trabalhos que publicou, destacam-se seu folhetim e a obra de primeira envergadura *El Presídio Político en Cuba* (1871), *La República Española ante la República Cubana* (1873), e drama *Adúltera* (1874), a peça teatral *Amor con amor se paga* (1875) e as coletâneas de poemas *Ismaelillo* (1882), dedicado a seu filho; os *Versos Libres* (1881), seus *Versos Sencillos* (1882) e a *Revista* dedicada às crianças da América, *La Edad de Oro* (julho a outubro de 1889).

Época e pensamento

"As palavras levam à desonra quando não têm por trás de si um coração puro e inteiro.
As palavras são demais quando não têm fundamento, quando não esclarecem, quando não atraem, quando não acrescentam".

José Martí

A grandeza, a originalidade e a riqueza do ideário filosófico, político, social, pedagógico e literário de José Martí, bem como a diversidade e amplitude de suas atividades, sempre estiveram marcadas por seu prodigioso gênio pessoal, pelas circunstâncias concretas do momento que lhe coube viver e pelas metas a que se propôs. Martí foi um homem de sua época, e em tal sentido somente poderá ser entendido, quando situado em seu espaço e tempo.

Embora Martí seja comparado com seus contemporâneos europeus e norte-americanos semelhantes a ele, porque passou uma boa parte de sua vida na Europa e nos Estados Unidos, e pelos pontos em comum entre seu pensamento e o de alguns ocidentais, o certo é que não pertenceu a aquele mundo. Os traços e detalhes de rara singularidade que compunham sua personalidade, como político e conspirador, como poeta, como escritor fecundo e como soldado, tornaram-no diferente da maneira de ser do ocidental de seu tempo. Martí não era um francês, nem um espanhol, nem alemão, nem inglês ou norte-americano. Teve seu espírito próprio, suas próprias facções, seus instintos peculiares. Pertenceu por herança e por própria opção, a outro mundo: ao mundo colonial, subdesenvolvido e mestiço, situado entre o Rio Bravo e a Patagônia, que ele mesmo denominou "Nossa América". Cuba foi sua pátria imediata, enquanto que a América, a pátria maior.

O que tornou Martí um ser imensamente sensível à condição histórica em que viveu, foi o fato de haver nascido gênio no seio de uma família humilde e num solo escravizado. E foi essa condição que o levou, muito cedo, e por caminhos radicais, como o da conspiração e da política, a estabelecer uma causa comum com os colonizados da terra. Esta missão lhe deu forças suficientes para as atividades que desempenhou, bem como para a multidão de saber e de profissões que dominou.

Para compreender seu pensamento em sua justa medida, é preciso abordá-lo no contexto da realidade latino-americana e cubana, imerso em sua dupla missão de conspirador e político: a de conseguir a independência de Cuba e Porto Rico e com ela impedir que os Estados Unidos se apoderasse de nossa América.

América: a colonização espanhola

Em 12 de outubro de 1492, atracaram nas costas da América as naus do almirante Cristóvão Colombo, servidor dos reis de Espanha. Viajavam em busca de novas rotas para as Índias Orientais, de onde trariam especiarias.

Surpresos, os descobridores haviam estendido uma ponte entre a Europa e os imensos e desconhecidos territórios do Hemisfério Ocidental, que não tardariam em batizar de América.

Naquele momento, coexistiam na América povos com diferentes níveis de desenvolvimento, que iam desde os caçadores e coletores mais primitivos, até grandes estados centralizados, como os impérios asteca no México, e inca no Peru, com milhões de habitantes, uma rica estrutura econômica e antiqüíssimas civilizações que já conheciam o calendário e as cidades.

As conseqüências do encontro entre culturas tão distintas foram terríveis: a população indígena acabou exterminada a sangue e fogo, suas cidades saqueadas, seus templos e antigos escritos incinerados e sua vida livre transformada em diversas formas de servidão.

As tropas espanholas esmagaram a resistência dos nativos usando armaduras de metal, espadas e lanças de ferro, arcabuzes, canhões, cavalos e cães de caça, que destroçaram as falanges de guerreiros americanos armadas com lanças de madeira, porretes e arco e flecha, e que se protegiam cobrindo os corpos com roupas de algodão macerado. Contudo, não foi apenas a superioridade tecnológica que garantiu a vitória dos europeus; eles souberam tirar proveito da desunião entre as nações indígenas. Astutamente, os conquistadores deram-se conta de que existiam relações de dominação entre os povos, e estimularam os dominados a se rebelarem contra os dominadores. Também as doenças trazidas pelos espanhóis, como a gripe e a varíola, contra as quais os nativos não tinham resistência biológica, muito contribuíram para facilitar a conquista.

Outra arma poderosa usada pelos conquistadores foi a catequese. Convertendo os indígenas, mais pela força do que pelo argumento, ao catolicismo, incutiram neles valores que quebraram parte da resistência.

Com a descoberta de ouro no México e de prata no Altiplano Andino, as populações indígenas foram deslocadas para o trabalho compulsório na mineração e, em menor escala, para as plantações. Essa prática desestruturou as antigas sociedades americanas, acarretando seu declínio econômico.

Por isso, Eduardo Galeano escreveu que "a espada, a cruz e a fome iam dizimando as famílias selvagens".

Feita a conquista, que se estendeu do México até a Argentina em pouco mais de cinqüenta anos, veio a colonização. Espoliativa, a presença espanhola visava extrair o máximo de riquezas com o mínimo de investimentos, razão pela qual sistematizou-se o escravismo maciço do indígena e, nas áreas de *plantation*, do negro africano.

Entre os fidalgos, que eram a elite política e econômica naqueles primeiros tempos da colonização, e a imensa massa de escravos, situavam-se os *criollos*, filhos de espanhóis nascidos na América, e os mestiços, que eram livres, mas despossuídos e sem direitos políticos.

Até a primeira metade do século XVII, a Coroa espanhola, agora nas mãos dos Habsburgos, financiou sua vida suntuosa e aventuras militares com as imensas riquezas extraídas da América. O problema é que a metrópole ficou dependente demais desses recursos, ignorando a necessidade de aprimorar a agricultura e incentivar a manufatura.

Nesse contexto, as colônias americanas eram tratadas como meras feitorias, nas quais o governo metropolitano e os espanhóis de origem podiam usufruir de privilégios irracionais e impor políticas tirânicas, baseadas no direito de conquista.

Essa situação agravou as contradições entre os espanhóis e a elite *criolla*, que sentia o peso do monopólio comercial imposto pela metrópole e limitador das suas possibilidades diante do mercado mundial.

Cuba: primeiros tempos

O arquipélago cubano – formado por uma ilha maior chamada Cuba, outra menor, a antiga Ilha do Tesouro, hoje denominada Ilha da Juventude, e mais de 1200 ilhotas – foi descoberta pelos europeus em 27 de outubro de 1492. Ocorreu, então, um encontro entre aborígenes cubanos – de cultura material que não ultrapassava o Neolítico – e os assombrados filhos do Velho Mundo.

De acordo com o trato firmado pelos reis Fernando e Isabel e o navegador Cristóvão Colombo, denominado *Capitulações de Santa Fé*, todos os novos territórios descobertos passariam para as mãos da Coroa espanhola, encorpando os seus domínios em mais de 110.000 quilômetros quadrados.

Em 1510 iniciou-se o processo de conquista e colonização desse território, tarefa levada a cabo pelas tropas de Diego Velásquez, um *adelantado* castelhano de origem nobre, militar experiente e dono de terras na Espanha. Velásquez foi nomeado Governador de Cuba e Repartidor de Índios.

A resistência indígena à conquista esteve encabeçada pelo cacique Hatuey, chegado da vizinha ilha de Quisqueia, atual Santo Domingo. Contudo, a superioridade militar dos espanhóis e a falta de unidade entre os aborígenes resultaram numa rápida derrota. Hatuey foi capturado e condenado a morrer na fogueira. Foi o primeiro herói e mártir da história de Cuba.

Entre os anos 1520 e 1540 ocorreram outros movimentos de resistência, como aquele comandado pelo cacique Guamá nas montanhas da atual Sierra Maestra, mas não conseguiram frear o avanço espanhol, nem a fundação das oito primeiras vilas européias ao largo da costa, com capital em Santiago de Cuba.

Ao serem submetidos ao poder da Espanha, os indígenas eram imediatamente repartidos entre os hispânicos, empregando o tristemente célebre regime das *Encomiendas,* que autorizava os colonos a explorar o seu trabalho em troca de uma suposta evangelização. O crime cometido foi de tal magnitude, que antes de terminar um século a população nativa havia praticamente desaparecido por causa do excessivo trabalho, da fome, das pestes, da matança, dos suicídios coletivos e da intensa miscigenação.

Durante os séculos XVI e XVII a colônia de Cuba evoluiu lentamente, pois a ausência de metais preciosos e de grandes massas indígenas exploráveis fez que a Coroa priorizasse as ricas terras do continente, sobretudo o México e o Peru. Por causa disso, as pequenas vilas de Cuba, isoladas entre si, gozaram de ampla autonomia.

Seus conselhos administrativos arrendaram imensas extensões de terra para a produção de gêneros tropicais e criação de gado, que acabou se convertendo no seu principal produto de exportação. Couro, carne salgada, sebo, mel, tabaco e outros produtos do campo eram trocados ilegalmente com os estrangeiros que tocavam nos seus numerosos portos, caracterizando o "comércio de resgate", que driblava o forte monopólio espanhol.

Os senhores desses povoados, os alcaides, constituíram, junto com os funcionários da Coroa, a oligarquia dominante.

No século XVI a força de trabalho indígena foi substituída pela importação de negros africanos escravizados, embora o regime de plantações demorasse dois séculos para se propagar. Uma massa heterogênea de camponeses, artesãos, soldados e pequenos comerciantes, brancos e mestiços, completavam a estrutura social.

Naquela época, as inquietudes intelectuais estavam encerradas nos claustros das instituições religiosas, onde se concentrava o pensamento escolástico, consagrado a dois temas fundamentais: a discussão sobre a condição humana dos índios (e, mais tarde, dos negros) e a justificativa do processo de conquista e colonização. Em ambos os temas, sobressaiu-se a postura progressista do frei dominicano Bartolomeu de Las Casas, que denunciara as atrocidades cometidas pelos espanhóis e se convertera em "Benfeitor dos Indígenas".

Na primeira metade do século XVII o poderoso monarca espanhol, Felipe II, adequou uma série de medidas centralizadoras que impulsionaram a economia colonial. Fez surgir, por exemplo, a Real Companhia do Comércio de Havana, poderosa monopolista do comércio colonial, e o Estanco do Charuto, destinado a controlar o mercado de charutos nas mãos da Coroa. Esta última medida afetou muitos interesses na colônia e provocou as " Rebeliões dos Guerreiros", afogadas em sangue pelo governo colonial.

Criollos x Peninsulares

Desde meados do século XVI a Coroa decidiu mudar a capital da colônia para Havana, onde se encontravam as frotas que transportavam para o Velho Mundo as riquezas saqueadas do Novo Mundo.

As frotas fizeram da vila de Havana uma importante cidade, com fortificações, muitos soldados, grande população flutuante e intensa vida comercial, convertendo-a numa das mais expressivas cidades da América e estabelecendo as origens da secular diferença entre o Ocidente de Cuba, influenciado pela nova capital, e a porção Centro-Oriental do país, mais rural e atrasada.

Esse contraste só fez aumentar as contradições entre os espanhóis peninsulares e os nascidos em Cuba. Os primeiros monopolizaram o comércio e os cargos públicos e militares mais importantes, enquanto os outros eram os donos da terra, das suas produções e controlavam os governos locais. Estes últimos formavam a chamada "gente da terra", turbulenta e difícil de controlar, amiga do contrabando e firme defensora de seus lares ante os constantes ataques de corsários e piratas.

Nesse período incrementou-se a produção açucareira, aumentando o número de engenhos e moendas e, com isso, a demanda de escravos negros. Havana crescia em população e riqueza, e as milícias *criollas* participavam das expedições espanholas contra as colônias inglesas e corsários da ilha, aterrorizando os prósperos negreiros britânicos, roubando-lhes suas embarcações e cargas.

Juntamente com as lentas mudanças na sociedade ocorreu, em 1728, um acontecimento transcendente para a esfera do pensamento: a criação da Real e Pontifícia Universidade de Havana, controlada pela Ordem dos Dominicanos, em cujo seio germinaram as primeiras sementes do inconformismo.

No século XVIII, ao se estabelecer a dinastia dos Bourbons na Espanha, ligada estreitamente à França, reorganizou-se a administração colonial, fazendo surgir os Vice-Reinos da Nova Espanha, Nova Granada, Peru e Rio da Prata, e as Capitanias Gerais de Cuba, Centro-América, Venezuela e Chile.

O Absolutismo espanhol caiu sobre a América com toda a sua força, e os colonos mais radicais começaram a pensar e trabalhar por um futuro separado da Mãe Pátria.

Reformismo

Os novos capitães gerais levaram adiante a política do Despotismo Esclarecido, expressa nas grandes construções civis e militares que fariam de Havana um lugar inexpugnável, no fomento da economia, na promoção das artes e ciências, e na reordenação da administração e das finanças.

Com o amparo de governadores e bispos ilustrados, apareceram instituições de renome como a Real Sociedade Patriótica de Amigos do País, de 1793, que reuniu a mais seleta aristocracia e intelectualidade da época, o Papel Periódico de Havana, de 1790, difusor de notícias e das idéias iluministas, e o Seminário de São Carlos e São Ambrósio, centro docente onde se formou a juventude *criolla* nos ideais da modernidade.

Um grupo de homens muito bem preparados se dedicou às mudanças que exigia a evolução colonial, amparados em autoridades como o capitão geral Luíz de Las Casas, o bispo de Havana, Juan José Díaz de Espada, e Fernandez de Landa, que se identificaram com os interesses da aristocracia *criolla* e abriram as portas do governo a seus homens mais esclarecidos. Entre outros se destacaram o filósofo José Agustín Caballero (1762 - 1833), que introduziu as idéias modernas, e o "estadista sem Estado" Francisco de Arango e Parreño (1765 - 1837), líder daquela primeira geração reformista. Este último chegou a ser o Procurador do Congresso de Havana diante do rei Fernando VII, a quem conseguiu convencer da importância de acelerar a produção de açúcar. Mesmo empregando o arcaico modelo de *plantation* (latifúndio escravista, finalidade agroexportadora), o resultado foi tão satisfatório que na década de 1790 Cuba já havia se transformado no principal produtor mundial daquela especiaria. Para alcançar esse objetivo, dezenas de milhares de negros foram trazidos da África para o trabalho compulsório nos canaviais.

À primeira geração reformista seguiu-se outra, mais radical, na qual se sobressaíram o padre Félix Varela e Morales (1787 - 1853), que barrou o domínio da Escolástica e se converteu no primeiro revolucionário cubano ao fundamentar a necessidade da independência sobre a base das forças nacionalistas, o maestro José de La Luz y Caballero (1800 - 1862), formador da ética progressista e patriótica que guiou os homens da Revolução de 1868, e José Antônio Saco, grande crítico do regime colonial, opositor ao anexionismo e líder espiritual dos pensadores reformistas.

Estes fundadores do pensamento cubano contribuíram para estimular a investigação científica e nivelar o pensamento cubano com o universal. Com eles, a intelectualidade local ombreava-se com o que havia de mais moderno e progressista. Eles ensinaram os cubanos a pensar com a própria cabeça e a desconfiar dos esquemas de pensamento importados que não correspondiam às exigências do país; por isso, rejeitaram tanto a Escolástica e o Ecletismo como a Filosofia Clássica Alemã, em particular a dialética hegeliana, que Luz y Caballero conheceu tão bem, mas que decidiu não propagar aos jovens por conta do conservadorismo político do sábio alemão, defensor do Estado prussiano.

As obras desses reformistas contribuíram para que se formasse uma consciência nacional na primeira metade do século XIX. Sobre eles, disse José Martí:

"(...) fortes para fundar, descobria Varela, tundava Saco, arrebatava La Luz.

(...) Abaixo, no Inferno, trabalhavam os escravos, corrente ao pé e horror no coração, para o luxo e senhorio dos que sobre eles, como casta superior, viviam felizes na inocência pitoresca e odiosa do patriarcado; mas sempre será honra daqueles crioulos a paixão que, desde o abrir dos olhos, mostravam por direito e sabedoria, e o instinto que, como dote da terra, os levou a quebrar sua própria autoridade, antes de perpetuá-la".

Ingleses em Cuba

Em 1762, em plena Guerra dos Sete Anos, interessada nas riquezas do açúcar, a Inglaterra decidiu despojar a Espanha de uma das suas jóias mais preciosas. A mais poderosa frota jamais vista na América se apresentou diante de Havana e um numeroso corpo de expedicionários pôs sítio à cidade. Começou uma grande batalha para a tomada da fortaleza de El Morro e de outros pontos estratégicos. Do interior do país acorreram centenas de voluntários para defender a capital. Porém, a superioridade bélica dos ingleses era notável, e depois de três meses de cerco, apesar da heróica resistência cubana, comandada pelo governador Luiz Velasco e pelo chefe guerrilheiro *Pepe* Antônio, a cidade caiu.

O domínio inglês trouxe para Cuba a política do livre-comércio com os territórios britânicos, fundamentalmente as treze colônias da América do Norte.

Durante os onze meses que durou a ocupação britânica entraram pelo porto de Havana mais de mil barcos trazendo dez mil africanos escravizados. Ao se retirarem, depois de trocar Havana pela Flórida, os ingleses haviam dado um grande impulso para o crescimento econômico da colônia espanhola.

A GUERRA DOS SETE ANOS (1756 A 1763)

Travada entre França e Inglaterra, teve como causa essencial a posse de terras na América do Norte.

Em defesa dos seus interesses, os franceses firmaram alianças com tribos indígenas, enquanto os ingleses contaram com o apoio de diversos povos nativos e de milícias de colonos, os "Homens de Minuto".

A vitória coube aos britânicos, mas a guerra arruinou as suas finanças. Para recompô-la, o governo inglês passou a tributar as colônias americanas. Habituados a um certo grau de autonomia, os colonos classificaram as tributações como "Leis Intoleráveis" e passaram a lutar pela sua independência, conquistada em 1776. Nessa luta, as forças coloniais empregaram muito da experiência militar adquirida na Guerra dos Sete Anos.

As independências

O chamado "Século das Luzes" significou para a América o início do despertar de sua velha letargia colonial. Porém, não foram as colônias ibéricas as primeiras a se lançarem na luta pela independência, mas sim as tranqüilas colônias inglesas na América do Norte, que, ao serem submetidas a um maior controle metropolitano, responderam com o Congresso Continental, que proclamou a separação da Inglaterra. Comandados pelo fazendeiro George Washington e contando com o apoio de tribos indígenas, tropas regulares francesas e voluntários espanhóis e alemães, os norte-americanos derrotaram os famosos "Casacos Vermelhos" e forçaram Sua Majestade britânica a reconhecer a independência das treze colônias.

A unidade conquistada durante a guerra permaneceu em tempos de paz, dando lugar, em 1783, aos Estados Unidos da América do Norte.

Nas negociações, o governo inglês cedeu aos ex-colonos o território que se estendia dos montes Apalaches até o rio Mississipi, duplicando graciosamente o espaço original das colônias. A partir desse momento, começou o impetuoso processo de expansão em direção ao Oeste, que levou os Estados Unidos, em menos de um século, a dominar as terras que ligam o Atlântico ao Pacífico.

Em 1804 ocorreu no Caribe um fato insólito: o triunfo de uma rebelião de escravos na rica colônia francesa de Saint Domingue, resultando na independência do Haiti e na imediata abolição da escravatura naquele país.

Poucos anos depois, em 1810, as colônias espanholas tiveram a oportunidade de sacudir o jugo metropolitano. A influência das idéias liberais do Iluminismo francês e os exemplos das Treze Colônias e do Haiti somaram-se à estranha situação existente na Espanha, onde o rei Fernando VII era refém de Napoleão Bonaparte e o trono estava ocupado por José Bonaparte, irmão do Imperador francês.

Com o pretexto de não render pleitos a um monarca estrangeiro, as capitais das mais importantes colônias proclamaram o não reconhecimento da autoridade francesa, dando o primeiro passo para a independência.

Desde o México até o Chile ardeu o império colonial espanhol. Chefes políticos da elite *criolla*, como Simón Bolívar, José de San Martin, Bernardo O' Higgins e Antônio Sucre, entre outros, guiaram milícias populares em heróicas batalhas contra os exércitos colonialistas. Quinze anos durou a luta pela independência da América hispânica, até que em 1825, no Congresso do Panamá, os representantes dos novos países se reuniram para buscar a unidade hispano-americana, num projeto denominado **Pan-Americanismo**.

Mas, o mandonismo local, expresso pela força dos caudilhos, impediu a realização dessa idéia e trouxe como conseqüência a fragmentação política da América espanhola independente. Além disso, as pressões da Inglaterra e dos Estados Unidos criaram empecilhos para que as forças libertadoras expulsassem os espanhóis de Cuba e de Porto Rico, últimos baluartes do colonialismo.

Nesse ínterim, os Estados Unidos proclamaram, em 1823, a **Doutrina Monroe**, que delineava uma oposição às pretensões recolonizadoras dos países da Santa Aliança (Rússia, Áustria e Prússia, apoiadas pela Inglaterra), tradicionais aliados da Espanha. O lema "A América para os americanos" ocultava a intenção dos Estados Unidos tornarem-se hegemônicos no continente.

Manutenção da ordem colonial

Proclamadas as independências, as jovens repúblicas latino-americanas mantiveram as antigas estruturas socioeconômicas. Vários caudilhos se converteram em ditadores dos seus povos e a elite *criolla* substituiu a espanhola de

Constituição dos Estados Unidos: liberal, inspirou as novas Repúblicas americanas, que permaneceram controladas pelas elites coloniais nativas.

origem sem que as massas sentissem o alento do progresso, os benefícios de uma reforma agrária e as luzes da educação. Por isso, guerras civis e conflitos de fronteira ocorreram em diversos países.

      No campo econômico, em muitos lugares a produção continuou assentada no trabalho escravo do negro africano, trazido para o latifúndio agroexportador.

Sempre com a mão-de-obra cativa, no mar das Antilhas as ricas colônias de Cuba e Porto Rico ocupavam posições cimeiras na produção de açúcar e tabaco em escala mundial; no Brasil, os escravos produziam café para a Europa, enquanto que nos Estados Unidos as plantações do Sul rendiam algodão e anil para o mercado externo.

Embora o comércio de escravos estivesse proibido por leis internacionais, o tráfico ilegal e os mercados clandestinos mantinham-se ativos.

Pensada como fornecedora de matérias-primas, a América Latina encaixava-se na periferia do sistema capitalista, condição que determinava o seu atraso industrial e sua enorme dependência em relação à Europa e Estados Unidos.

Duas Américas

Esse panorama começou a mudar definitivamente em 1860, quando, nos Estados Unidos, as contradições entre o Norte, urbano e industrial, e o Sul, escravista e agroexportador, resultaram na **Guerra de Secessão** (1861 a 1865), que deixou seiscentos mil mortos, pôs fim ao escravismo naquele país e expandiu o capitalismo industrial para todo o território nacional.

Com empréstimos, os Estados Unidos deram início a um acelerado processo de industrialização, que no final do século XIX já havia transformado aquela nação na maior potência econômica do continente.

Expandindo-se para o Oeste – ligando, por ferrovias, o Atlântico ao Pacífico – e para o Sul, os norte-americanos ampliaram seu território; depois, passaram a buscar mercados fora do país.

Guerra de Secessão: dividiu o país quanto ao escravismo e unificou em torno da industrialização. (Charge do século XIX, Granger Collections, N.Y.)

O primeiro alvo foi a América Central, tanto na porção insular como na terra firme. Em seguida, partiram para conquistar terras no Oriente.

Suas motivações ideológicas vinham não apenas da Doutrina Monroe, de alcance mais localizado, mas também do **Destino Manifesto**, um documento que sustentava caber aos norte-americanos o dever sagrado de propagar o cristianismo, a civilização e a democracia para os mais distantes lugares.

Assim, na segunda metade do século XIX, as duas seções da América haviam conformado realidades bem distintas. Numa delas, na América Latina, consolidou-se o modelo de capitalismo dependente – que deixava os grandes recursos naturais e humanos do subcontinente a mercê dos grandes capitais estrangeiros e seus aliados nativos – marginalizando as massas de índios, camponeses e trabalhadores urbanos; na outra, anglo-saxônica, emergiram os Estados Unidos, industrializados e com propósitos expansionistas.

Civilização x Barbárie

A ausência de mudanças instituiu um clima de franca decepção nos setores progressistas latino-americanos, enfraquecendo as jovens repúblicas com as disputas entre Liberais e Conservadores.

Os Conservadores defendiam a manutenção das estruturas políticas e culturais que haviam permitido à Espanha manter seu domínio ao longo de três séculos, e estavam representados pelos mestiços, que se consideravam legítimos herdeiros do poder.

Já os Liberais olhavam para o futuro, repudiando toda forma de herança colonial e lutando por garantir o poder político, consolidar a independência das nações e conquistar o progresso econômico, cultural e social. Em tal sentido, entre os principais problemas que se propunham a resolver, estavam: a) o da identidade (Quem somos?); b) o da integração econômica e cultural (O que devemos fazer para trilhar o caminho da civilização? Como alcançar o desenvolvimento?); c) e da unidade latino-americana que havia assegurado a emancipação política.

Os núcleos liberais mais representativos consideravam fracassadas as diversas tentativas de construir repúblicas com governos democráticos. O venezuelano Andrés Bello advertia que a democracia poderia ser totalmente possível no continente desde que fossem elaboradas constituições capazes de responder às exigências, necessidades e peculiaridades de cada nação, coisa que não havia sido feita até aquele momento.

Como Bello, outros pensadores deram início a um exercício de auto-análise, com o propósito de descobrir as causas do evidente fracasso das repúblicas latino-americanas, da crescente pobreza e das diferenças entre os dois extremos do mundo: de um lado, os países da Europa e os Estados Unidos, que representam a civilização e com visíveis conquistas econômicas, sociais, educacionais e políticas; de outro, separados por um profundo abismo, os países da América Latina, representando a barbárie e a miséria.

Embora acreditassem encontrar a causa de todos os males na herança deixada pela metrópole, observavam discrepâncias nas soluções propostas. Uns procuravam rechaçar totalmente o metropolitano, outros acreditavam que somente reconhecendo sua existência como força atuante, e partindo dela, chegar-se-ia à uma melhora. Juan Bautista Alberdi achava que não era através de uma ruptura com o passado que se iria conquistar o progresso, mas por meio da sua modificação. "É preciso que o novo regime contenha algo do antigo; não ocorrem de um salto as eras extremas de um povo."

Finalmente, foi imposto o critério daqueles que nada queriam saber do passado, nem da cultura para a servidão, e que acreditavam ser preciso eliminar os resquícios do colonialismo.

As culturas norte-americana e européia foram assumidas como modelos ideais, e foi a elas que se propôs imitar quando se pensou no progresso definitivo das nações latino-americanas. "Sejamos os ianques do sul", propunha o mexicano Justo Sierra.

Em todos os lados se rechaçou o autóctone, desprezou-se a cultura hispânica, o índio e o mestiço, porque, segundo Alberdi, "tudo aquilo que não é europeu é bárbaro". Foram copiadas as constituições, os costumes, as instituições políticas dos Estados Unidos, os métodos pedagógicos, as expressões literárias e filosóficas, imitou-se a cultura, porque dizia-se, significava civilização. O fato era deixar de ser o que se era, para ser outra coisa. Deixar de ser bárbaro para ser civilizado.

Busca da identidade

Pensadores como Sarmiento, Justo Sierra, Francisco Bilbao e Alberdi, num gesto de boa-fé e boa-vontade latino-americana, mas ao mesmo tempo, dando mostras de um total desconhecimento da história social e da realidade interna dos Estados Unidos e dos países da Europa, e subestimando a capacidade criadora, a cultura e a força das raças mestiças americanas (Alberdi afirma que "nossa inferioridade é latente"), foram os principais representantes duma corrente que propunha a imitação como única saída para vencer os perigos, conseguir a unidade e impulsionar o avanço econômico, social, educacional e cultural latino-americana.

O projeto que buscava incorporar as nações latino-americanas aos países de maior progresso e cultura no mundo, supunha, em primeiro lugar, o desenvolvimento da educação para a civilização, e em segundo, o embranquecimento das raças americanas através dum processo imigratório que traria homens europeus e norte-americanos à América para colocar em prática as experiências acumuladas em seus países de origem. "Lavagem cerebral e lavagem sangüínea", diria de maneira crítica Leopoldo Zea.

A necessidade de fomentar a educação repousava na suposição de que a falta de preparo do povo era a causa fundamental da pobreza. Somente educando as massas no trabalho e no esforço dar-se-ia impulso ao desenvolvimento. O uruguaio José Pedro Varela dizia que "... o saber, como a luz do sol, pode e deve alcançar a todos". Entretanto, apesar dos esforços, as reformas educacionais foram um fracasso porque somente beneficiaram à uma minoria da população, enquanto que a maioria permaneceu à margem do progresso social.

Sobre a necessidade de branquear a raça americana, foi talvez Sarmiento quem tenha levado este conceito à sua expressão máxima. Porém, outros, como Alberdi e Sarmiento, pensaram da mesma maneira. Em *Argirópolis*, Sarmiento afirmava que os latino-americanos precisavam mesclar-se "à população dos países mais adiantados que o nosso, para que nos transmitam suas artes, sua indústria, sua atividade e sua atitude frente ao trabalho" e em *Conflito e harmonia das raças na América*, acrescentou: "... se não apelamos à emigração ariana e pelágica, de que não temos idéia, o que deve preponderar, é uma política americana, que generalize o feito, como as águas fecundam pela irrigação determinadas comarcas, sem se colocar em posição de deter ou contrariar o fato onde já se produz espontaneamente e naquela enorme escala" (Leopoldo Zea, *Fuentes de la cultura...*, pág. 408).

Despertar da consciência

No final do século XIX, observou-se o despertar de uma nova atitude ante a identidade e a integração dos povos latino-americanos, e muitas problemáticas sofreram uma profunda mudança, sobretudo como conseqüência do perigo iminente e crescente que representa a presença do imperialismo europeu e do expansionismo norte-americano. Nesse contexto, advertiam-se para a necessidade da unidade das nações latino-americanas, que deveriam enfrentar juntas os riscos do expansionismo dos Estados Unidos, cujo exemplo mais gritante foi a guerra contra o México em 1847, na qual o país asteca perdeu o território do Texas.

Por outro lado, começou-se a perder a vergonha de ser mestiço e brotou a consciência do errôneo caminho civilizatório, rechaçando-se a imitação e a imigração, e assumindo-se a necessidade de resgatar o passado e a identidade que se formou ao longo do tempo, ressaltando os valores intrínsecos à essa cultura mestiça, originada da justaposição das culturas indígena, espanhola, africana, americana e européia.

Francisco Bilbao, embora tenha proposto a imitação de modelos estrangeiros e do branqueamento das raças através da imigração, foi um dos primeiros a prever as aspirações dos Estados Unidos, que era a de se estenderem por toda a América. Quando, em 1856, reclamava a necessária e urgente integração das nações do continente numa sólida Confederação da América do Sul, fazia-o – como ele mesmo diz – não somente pensando em assegurar a independência política contra as tentativas de recolonização da Europa, nem apenas em interesses econômicos, senão em salvar a independência territorial, impedir a fragmentação e, sobretudo, resistir às ameaças de invasão norte-americana:

"(...) os Estados Unidos estendem (suas garras) a cada dia nesse jogo de caça que empreendem contra o Sul. E já vemos fragmentos da América nas mandíbulas saxãs da serpente enfeitiçadora, que desenvolve seus laços tortuosos. Ontem o Texas, depois o norte do México a o Pacífico, saúdam um novo amo.

Aí está um perigo. Quem não o vir, irá renunciar ao futuro. Haverá tão pouca consciência de nós mesmos, tão pouca fé nos destinos da raça latino-americana, que esperamos à vontade alheias e a um gênio diferente para que organize e disponha da nossa sorte?

(...) Tudo isso, fronteiras, raças, repúblicas e a criação de uma nova moral, tudo periga se dormirmos. Os Estados Unidos da América do Sul começam a divisar a fumaça do acampamento dos Estados Unidos (...)." (Iniciativa de la América. Idea de un Congreso Federal de las Repúblicas in *Fuentes de la cultura latinoamericana, t. 1, págs. 53-58).*

José Enrique Rodó e José Martí também fizeram parte deste novo pensamento latino-americano. Rodó mostrou que o problema da d*eslatinização* e da *nordomania* eram expressão do complexo de inferioridade que estava presente nos homens da América. Dizia: "Imita-se aquele em cuja superioridade e prestígio se crê", com o que se aceita um novo tipo de dependência. Com suas críticas Martí deu contribuições substanciais a construção do novo conceito de povo latino-americano e de nossa América.

A libertação

Diante das perspectivas incertas que oferecia a sociedade colonial, marcada pela escravidão e o despotismo, os políticos cubanos inconformados adotaram três posições, nem sempre bem definidas: o **Reformismo**, que acreditava possível o aperfeiçoamento do país sem o rompimento com a metrópole; o **Anexionismo**, que somente via futuro para Cuba se separada da Espanha e integrada aos Estados Unidos e o **Independentismo**, a opção dos patriotas mais radicais.

Desde a década de 20, incessantes conspirações separatistas foram tramadas e descobertas pela Espanha, e centenas de mártires foram assassinados, deportados ou encarcerados por tentaram se livrar da dura dominação espanhola. Não obstante a influência dos processos libertadores que aconteciam, a aristocracia cubana preferiu manter-se fiel a Espanha a desencadear um conflito que podia conduzir a um levante de escravos e à destruição do país. O "medo ao negro", como experiência dos sucessos devastadores acontecidos no vizinho Haiti, retardou por décadas o estalido independentista em Cuba.

Nos anos 60, apareceu o Partido Reformista, que exigiu a autonomia e a abolição da escravatura como transformações indispensáveis para o desenvolvimento do país. O governo colonial pagou sua fidelidade com a indiferença e a intolerância.

Em 1867 fracassou com alvoroço a última tentativa reformista para resolver pacificamente a situação cubana. As contradições entre a colônia e a metrópole chegaram ao clímax e todo o país se alistou para a guerra. Ao mesmo tempo, amparado na liturgia secreta das lojas maçônicas, se fortalecia o pensamento patriótico e democrático e se conspirava em toda extensão da ilha.

Na época, a situação de Cuba era ainda mais lamentável que a do resto da América independente. Carlos Manuel de Céspedes, assim o reconheceu em 1868: *"(...) A Espanha governa a ilha de Cuba com uma mão de ferro ensangüentada (...) privada de toda e qualquer liberdade política, civil e religiosa (...) privada do direito de reunião, (...) não pode solicitar o remédio para seus males sem que se a trate como rebelde, e não se lhe concede outro recurso senão calar e obedecer"* ("Manifesto da Junta Revolucionária da Ilha de Cuba", in *Documentos para la Historia de Cuba*, t. 1, pág. 358).

Em 10 de outubro de 1868, no engenho *La Demajagua*, o próprio Céspedes deu o impetuoso grito de "Independência ou Morte" e, ao mesmo tempo, rompeu com a velha sociedade ao dar liberdade a seus escravos; desde então é considerado o Pai da Pátria. Rapidamente, a revolução se espalhou para as províncias do Oriente, Camagüey e Las Villas e, em 10 de abril de 1869, foi proclamada a primeira Constituição, de caráter liberal avançado, que estabelecia a República de Cuba em Armas.

Predominou entre os principais líderes do movimento armado, um pensamento político-revolucionário que defendia a igualdade entre os homens, a tolerância, a ordem e a justiça, que respeitava a vida e as propriedades de todos os cidadãos pacíficos, mesmo que se tratasse dos próprios espanhóis; que admirava o sufrágio universal, capaz de assegurar a soberania do povo; que desejava a emancipação gradual e indenizada, da escravidão, das relações bilaterais com o restante das nações e que optava por uma representação nacional para decretar as leis e os impostos.

Durante dez anos lutaram os rebeldes cubanos, chamados *mambises,* contra o poderoso exército espanhol sem nenhuma ajuda exterior; mas a destruição da metade oriental do país e as heróicas ações do Exército Libertador não foram suficientes para destruir o poder colonial, erguido sobre as intocadas riquezas do Ocidente. A falta de unidade entre os revolucionários, separados pelas incertezas civilistas contra o exército e os caudilhismos locais, extinguiu a chama da insurreição e conduziu ao vergonhoso Pacto do Zanjón em fevereiro de 1878, que pôs fim à guerra em troca de tímidas liberdades políticas e a liberdade dos escravos *mambises.* A partir de então, o país voltou a uma situação deplorável e a guerra não conseguiu senão agravar a situação de miséria do povo. A administração enveredou por caminhos tortuosos e a economia decresceu de maneira que não pôde ser detida.

Frente a tal claudicação se ergueu o general mulato Antonio Maceo e seus homens, protagonizando a famosa *Protesta de Baraguá*, onde expressou, ao próprio Capitão Geral espanhol, sua determinação de não ceder na luta até conseguir os objetivos iniciais: a independência do país e a abolição total da escravidão. Este fato aconteceu na história cubana como símbolo de lealdade aos princípios e confiança na capacidade do povo para superar suas dificuldades e alcançar a vitória diante seus inimigos, por mais poderosos que eles fossem.

Neste contexto sócio-econômico e ideológico gestou-se o pensamento de José Martí, aberto às melhores influências americanas e universais, mas arraigado profundamente no substrato nutritivo da cubanidade.

Sua chegada ao torrente do pensamento cubano se estende no período chamado de a "Trégua Fecunda" (1878 a 1895) e se realiza sobre a base da síntese, continuidade e ruptura com a obra dos pensadores que o precederam. De todos eles, sobressaem seus vínculos com o Padre Varela, "ele que nos ensinou primeiro a pensar". Segundo o poeta Cintio Vitier – Presidente do Centro de Estudos Martianos – esses fios podem ser resumidos nos seguintes pontos: rejeição do critério de autoridade; ecletismo filosófico; conciliação da ciência e fé; pregação revolucionária e experiência dos Estados Unidos.

Na obra de José Martí encontraria sua expressão mais acabada e original, a proposta revolucionária para a solução dos problemas de Cuba e da grande pátria, América Latina, no último quarto do século XIX.

REFLEXÃO E DEBATE

1. A colonização espanhola na América trouxe graves conseqüências para os povos indígenas da região. Aponte e comente algumas delas.
2. Por que razões as jovens repúblicas latino-americanas, ainda depois de conquistada a independência, não conseguiram trocar as velhas estruturas socioeconômicas?
3. Quais eram os problemas que enfrentavam as nações latino-americanas na época de Marti e como seus principais pensadores se propuseram enfrentá-los?
4. Anterior à Revolução de Martí de 1895, o povo cubano tentou duas vezes pela via da luta armada conquistar sua independência. Quais foram tais acontecimentos e por que razões ambas fracassaram?

Temas

Passo para os que não têm medo da luz:
claridade para os que tremem com seus raios.
Escassos como os montes, são os Homens que
sabem olhar a partir deles, e sentem com
entranhas de nação, ou de humanidade."

José Martí

MARTÍ E A "NOSSA AMÉRICA"

O primeiro tema a preocupar Martí foi o latino-americano. Toda sua obra política, diplomática e literária teve como problemática central Cuba e a Nossa América. Martí foi reconhecido como um dos paladinos da unidade latino-americana, fiel continuador e aquele que superou o projeto dos pais fundadores da independência, encabeçados pelo Libertador Simón Bolívar.

Seus primeiros contatos com a realidade latino-americana os teve em seus primeiros anos enquanto cursava a escola primária, principalmente no Colégio San Pablo, de seu mestre Rafael María de Mendive, promotor dos estudos americanistas e admirador dos próceres das gestas de independência de Terra Firme. Provém de então sua admiração por Simón Bolívar, José de San Martín, Miguel Hidalgo e outras figuras, às quais iria dedicar, anos depois, alguns de seus trechos mais lindos.

Em fevereiro de 1875, ao regressar de seu primeiro desterro na Espanha, entra em contato com a América Latina continental, desembarcando precisamente no mesmo lugar a que chegara o conquistador Hernán Cortés em 1517: o porto de Vera Cruz, no México. Com o passional povo asteca, o jovem Martí começou a sobressair nas artes e nas letras, sem abandonar nem por um momento, sua participação na luta de independência.

Os *Boletines de Orestes,* publicados sob este pseudônimo, mexiam em diversas facetas da sociedade mexicana e neles, dá mostras o autor, de um liberalismo americano, afinado com os postulados do Benemérito da América, Benito Juárez; por isso sustenta que "um povo não é independente quando sacode as cadeias de seus amos; começa a sê-lo, quando arranca do seu ser, os vícios da vencida escravidão, e para a pátria e um viver novos, alça e divulga conceitos de vida radicalmente opostos ao costume de servilismo passado". Como principal arma de transformação social empunha a espada do ensino obrigatório e da liberdade de ensino; "porque essa tirania saudável vale mais ainda que a da liberdade". Este comprometimento com as causas liberais e o brilho de sua pena e seu verbo fazem com que, entre 1875 e 1876, sua popularidade cresça em diversos círculos da sociedade mexicana, também entre os operários, aos quais defende em vários jornais e os funcionários públicos da capital homenageiam-no escolhendo-o como seu representante ao Primeiro Congresso Operário Mexicano.

Quando em novembro de 1876, um golpe de estado reacionário derruba o governo liberal, Martí, que não aceita a tirania, decide abandonar aquele solo com o qual tinha intimidade e seus seres mais queridos. Em seu artigo *Estrangeiro*, expõe os motivos que o obrigam a partir: "Aqui fui amado e elevado (...) Por sê-lo, ergo-me contra toda coação que me oprima; por sê-lo, isso me escraviza e me abala, enquanto isso venha a causar dor aos outros homens".

Em abril de 1877, Martí chegou à Guatemala, sendo acolhido com entusiasmo pelas autoridades do jovem país e pelos círculos intelectuais e de artistas. Ainda recém-chegado, foi convidado pelo chanceler guatemalteco a comentar os códigos novos que iriam reger o país. Neste brilhante trabalho, utilizou pela primeira vez, um conceito que seria capital em seu pensamento: "Nossa América", a diferencia da América anglo-saxã, a "América que não é nossa".

Na Guatemala, desenvolveu uma intensa atividade pedagógica, como professor da Universidade Nacional, da Escola Normal e em outras escolas. Seus conhecimentos de oratória ele os colocou à disposição dos jovens liberais, ganhando em pouco tempo, o carinho de seus discípulos e dos progressistas, enquanto que os círculos reacionários começavam a criticar sua crescente influência sobre a juventude. O agradecimento público de Martí à hospitaleira nação pode ser apreciada nesses conceitos: "Eu cheguei, há alguns meses a um formoso povoado; cheguei pobre, desconhecido, intratável e triste. Sem perturbar meu decoro, sem tocar em meus modos duros, aquele povo, sincero e generoso, deu abrigo ao peregrino humilde. Fiz-me mestre, que é a maneira de ser criador".

Fracassada em Cuba a Guerra Chiquita (1879) e separado de sua esposa e filho, Martí, decidido a se instalar num país latino-americano, emigra para a Venezuela, onde tinha amigos influentes e onde estavam em plena ascensão a arte, a literatura e a economia. Em janeiro de 1881, chega a Caracas e vai até a estátua e Bolívar, O Libertador, para chorar sua amargura pela pátria escrava e reafirmar o juramento de dedicar sua vida à obtenção da independência de Cuba e Porto Rico e conseguir o sonho bolivariano da unidade latino-americana.

Martí foi recebido no país com muita simpatia e em poucos meses, destacou-se nos círculos intelectuais por seus dotes de orador, jornalista, poeta, crítico de arte e mestre, dando aulas de Gramática francesa, Literatura e Oratória em dois dos principais colégios de Caracas. O modo como a Venezuela o acolheu, fez com que Martí decidisse tornar realidade um velho sonho: ter seu próprio órgão de imprensa, expressão de suas idéias e do tipo de publicação que necessitava a realidade latino-americana. Surge assim a *Revista Venezolana*, fundada e dirigida por ele. O primeiro número obtém uma boa acolhida por parte do público por seu conteúdo interessante e linguagem nova, de uma riqueza pouco usual nas publicações jornalísticas de então e de agora.

Embora tenha se esforçado por não intervir nos acontecimentos políticos da Venezuela, governada pelo general Antônio Guzmán Blanco, a influência de suas idéias democráticas e liberais sobre a juventude venezuelana não se fez esperar. Em finais de julho, apareceu o segundo número da já esperada *Revista Venezolana*, onde apareceu um trabalho de Martí em memória do genial pensador Cecilio Acosta, opositor do regime, falecido naqueles dias. O conteúdo do trabalho, que elogiava a firmeza e os princípios morais do prócer venezuelano, encheu de ira o ditador. Martí exaltava em Acosta o que mais odiavam os poderosos: sua defesa dos indígenas, dos pobres, da cultura e da liberdade de pensamento. Depois de ler o artigo, o ditador mandou a seu ajudante-de-ordens que notificasse a Martí sua expulsão do país.

Grande foi o pesar de Martí, que via truncadas suas aspirações de se estabelecer na pátria de Bolívar e de seus amigos venezuelanos, que nada puderam fazer, frente à ordem do tirano. Antes de ir embora, escreveu uma carta de despedida à sociedade venezuelana, onde se pode ler esta bela e orgulhosa despedida: "Da América sou filho: a ela sou devido. E da América, à cuja revelação, vibração e fundação urgente me consagro, este é o berço (...) Venezuela, permita-me servi-la: tens em mim um filho".

Em julho de 1881, Martí regressa a Nova York, cidade na qual viveria, quase que ininterruptamente, durante quinze anos. Não obstante seus vínculos com a Venezuela – berço de "Nossa América" – nunca foram rompidos, continuando sua colaboração no importante jornal de Caracas *La Opinión Nacional* onde apareceria a chamada Seção Constante, dedicada a divulgar as últimas notícias da ciência, da cultura e da política mundiais.

Nos Estados Unidos, onde Martí conseguiu se estabelecer definitivamente e a partir desta realidade norte-americana, tão diferente daquela dos povos aldeões da "Nossa América", chegou a perceber com maior clareza a inter-relação entre a luta de independência em Cuba, os interesses comuns da Nossa América e os assuntos mundiais, bastante instáveis naquela época de reacomodação das potências mundiais e de suas esferas de influência. No "inverno de angústia" de 1889, Martí vive momentos tensos e felizes ao apreciar como os delegados da América Latina à Primeira Conferência Pan-americana, ou Conferência de Washington, não caem nas redes estendidas pelos delegados norte-americanos para atar os povos da América mediante um tratado comercial que os separava da Europa. Através de seu amigo cubano Gonzalo de Quesada, membro da delegação argentina, Martí faz com que suas idéias cheguem à conferência e, na imprensa latino-americana, publica várias crônicas onde põe a descoberto os objetivos do convite e pontua como deve ser nossa política frente aos Estados Unidos. Antes de o conclave ter início, Martí pronunciou para os delegados latinos seu discurso *América Mãe* no qual recordou que "Do arado nasceu a América do Norte, e a Espanhola do cão com presas".

O apóstolo cubano compreendia muito bem a ligação existente entre os anexionistas cubanos e os expansionistas ianques, aliados estratégicos do colonialismo espanhol para impedir a independência de Cuba até que os Estados Unidos tivessem forças suficientes para anexá-la. Por isso se opõe firmemente à proposta de 1889 para negociar a independência de Cuba com a mediação dos Estados Unidos, pois advertia "E uma vez os Estados Unidos em Cuba, quem os tira dela?".

Seu artigo *Vindicacíon de Cuba* publicado no *The Evening Post*, de 21 de março de 1889, escrito em resposta a um libelo norte-americano, insultante para a dignidade dos cubanos, é um argumento contra a anexação, uma denúncia da duplicidade do governo norte-americano ante a luta de independência dos cubanos e uma resposta viril ao tergiversar da história de Cuba e das virtudes do povo cubano feitas no jornal *The Manufacturer*, da Filadélfia.

Em 1894, às vésperas de se iniciar a "guerra necessária", publica a 23 de março, em seu jornal *Pátria,* um artigo fundamental: *A verdade sobre os Estados Unidos,* onde destaca as verdadeiras causas das semelhanças e diferenças entre as Américas; ressalta de forma crítica as entranhas daquele país e argumenta contra as "*ilusões*" com respeito à retidão dos Estados Unidos, que ocasionam em alguns latinos uma "ianquemania", mãe do anexionismo. Como remédio para esses males, postula que "É preciso que se saiba em Nossa América a verdade sobre os Estados Unidos". Nesse texto afirma, com caráter de lei sociológica, o seguinte postulado: "Os povos da América são mais livres e prósperos à medida em que mais se afastam dos Estados Unidos".

Não obstante, a visão martiana dos Estados Unidos nunca foi anti-norte-americana, pois esteve impregnada de valores, que são ao mesmo tempo uma crítica dos defeitos e entusiasta com os aspectos positivos e de novidade daquele imenso país e de seus grandes homens. Numa sentença Martí define sua posição a respeito: "Amamos a pátria de Lincoln, tanto quanto tememos a pátria de Cutting", contrapondo ao grande presidente, salvador da União e libertador dos escravos, o famoso expansionista e aventureiro norte-americano, que tentara arrebatar o estado de Chihuahua ao México.

Em seu famoso ensaio *Nossa América* (1891), Martí ofereceu todo um compêndio de seu ideário latino-americanista e proclamou a necessidade da unidade e a modernização como os únicos caminhos para alcançar, a "segunda e definitiva independência".

Ao regressar da Espanha para o Novo Mundo, Martí se depara com uma fase quase desconhecida para ele da América Espanhola. O passado e o presente dos países de Terra Firme surgem ante seus olhos como um surto de experiências e novidades: repúblicas feudais e atrasadas, porém independentes e ansiosas por emergir, civilizações milená-rias, imponentes ruínas de cidades de sonho – como as maias de Copán, Uxmal e Chichén Itzá –, uma população indígena que era a maioria esquecida e menosprezada, um passado de epopéias que não cedem ante as maiores glórias do Ocidente e do Oriente, um "pequeno gênero humano" – como os chamara o Libertador em sua *Carta à Jamaica* (1815) – que tentava se desenvolver diante de forças externas que lhe fechavam a passagem brandindo uma arma terrível: o adiantamento tecnológico acumulado, que se expressava já numa dependência, disfarçada de livre-comércio, e uma crescente perda da fé nas próprias forças e na capacidade dos latino-americanos para o autodesenvolvimento.

Seu rápido aprendizado no México sobre A Reforma (1875-1876) faz com que Martí chegue à conclusão de que é na própria história da América que se encontram as forças para o otimismo e a esperança. Assim, por ocasião do convite que lhe faz o governo guatemalteco para que comente os novos códigos liberais do país, o pensador cubano reinterpretou o futuro latino-americano com um peculiar enfoque, onde se aprecia a tríade hegeliana de tese-antítese e síntese, aplicada à exaltação do novo e criativo do ser latino-americano. Ressaltava Martí:

"Interrompida pela conquista da obra natural e majestosa da civilização americana, criou-se com o advento dos europeus, um povo estranho, não espanhol, porque sabia de um rechaço do corpo velho, não indígena, porque sofreu a ingerência de uma civilização devastadora, duas palavras que sendo um antagonismo, constituem um processo. Foi criado um povo mestiço na forma, que com a reconquista de sua liberdade, desenvolve e restaura sua própria alma (...)" (*Nossa América*, pág. 98).

Martí trabalha já pela segunda independência de Nossa América, entendida fundamentalmente como liberação da consciência, da espiritualidade do *criollo*, ante a denominação mantida pelo pensamento europeu colonialista depois da pincelada de independência do primeiro quarto do século XIX; por meio dele valorizou a unidade latino-americana – como entidade política – administrativa.

Sua militância ao lado do progresso, nos países da América Espanhola em que habitou, enfrentou às poderosas forças internas, retardadoras da história: o caudilhismo militarista, os interesses oligárquicos e o poder do clero. Até os anos do final da década de 70, amadurece em Martí o critério de que a história da América estava em seus albores e que o fruto das revoluções e movimentos sociais do século que terminava não haviam se firmado e pelo contrário, haviam criado na Europa e na América Européia a certeza de que a região continuaria eternamente a seus pés. Por causa disso, em 1881, confessa a seu amigo venezuelano Fausto Teodoro de Aldrey que se dedicou "à revelação, difusão e implantação" urgente da Nossa América.

Da sua peregrinação pelos países latino-americanos, Martí tirou inúmeras experiências, que somadas a seus estudos da história americana e à realidade de sua época, foram analisadas por seu intelecto e convertidas em ensinamentos transcendentais para os homens e mulheres da região e fundamento para a concepção de *Nossa América*. Em primeiro lugar, o que se refere à necessidade do conhecimento profundo da história americana, pois "Nossa Grécia é preferível à Grécia que não é nossa. Não é mais necessária. Os políticos da terra hão de suceder aos políticos exóticos. Insira-se em nossas repúblicas o mundo; mas o tronco há de ser de nossas repúblicas".

E daí, extrai um ensinamento político, que continua ecoando em nossos dias, com plena vigência: "Posto que a desunião foi nossa morte, que vulgar entendimento, ou coração mesquinho precisa que se lhe diga que da união depende nossa vida".

Para Martí, Nossa América era uma região de vastas perspectivas, onde os problemas da humanidade se reproduziam, mas onde poderiam ser talhadas as grandes soluções. Por isso, assegura que "É a América uma enorme taça, cadinho novo das forças do mundo, que leva nos ombros uns quantos heróis e uns tantos apóstolos, consumidos como de costume por todos os egoístas, cujo repouso perturba a marcha da santa legião: a eterna luta do ventre com a asa".

Martí defende a necessidade de elaborar um pensamento autóctone, que responda aos problemas da região, a partir de um critério eletivo, adequando as correntes mundiais ao tempos histórico latino-americano; por isso sustenta: "O primeiro dever dum homem desses dias é ser um homem do seu tempo. Não aplicar teorias alheias, sem descobrir as próprias. Ao estorvar seu país com abstrações, senão inquerir a maneira de fazer práticas aquelas que sejam úteis".

Para difundir essas idéias entre o povo latino-americano, especialmente entre crianças e jovens, Martí postulou a necessidade de uma escola nova, científica e democrática, onde se forjassem os homens capazes de conduzir os países no rumo do desenvolvimento material e da soberania.

MARTÍ E A
AMÉRICA EUROPÉIA

Entre 1880 e 1895, os Estados Unidos da América tiveram em Martí um de seus críticos mais profundos e objetivos que tenha recordação a história daquele país na segunda metade do século XIX. Um de seus biógrafos, Carlos Ripoll, chegou a considerar que ninguém como ele, de todos os estrangeiros que conheceram a América do Norte, "a tenha estudado melhor, nem foi mais justo ante os méritos e vícios do país, ante suas virtudes e vergonhas" (A pátria de Lincoln e a pátria de Cutting in *José Martí: Obras Completas*, pág. 1).

O pensador cubano sustentava com empenho a idéia de que para conhecer um país e seu povo, era preciso estudar sua história, seus costumes e valores "em todos os seus aspectos e expressões: em seus elementos, em suas tendências, em seus apóstolos, em seus poetas e em seus bandidos!" Assim que chegou a Nova York em 1880, propôs-se a investigar sobre o povo: "de forma mais original, no berço, na escola; em seu desenvolvimento, em sua família; em seus prazeres, no teatro, nos clubes, na rua Catorze, e nas grandes e pequenas reuniões familiares (...) todas as grandezas da liberdade" (Carlos Ripoll, *op. cit.*, pág. 148).

Para sua tarefa de investigador e analista deste país durante sua extensa permanência nele, Martí se serviu do imediato e constante acesso que teve aos mais renomados órgãos de informação jornalística no país, e sua própria capacidade dialética para desentranhar fatos e homens proeminentes dos Estados Unidos. Ao longo de suas investigações, foi deixando escritos um sem-número de páginas sobre os Estados Unidos e sobre os norte-americanos, nas quais é possível captar, com o mesmo vigor da censura, o entusiasmo e a grande admiração que sentia pela nação mais poderosa do mundo, por seu povo e por seus grandes pensadores, professores, escritores, cientistas e artistas. Em sua crônica *Coney Island,* publicada no jornal La Pluma a 3 de dezembro de 1881, chegou a dizer: "Dentre os fastos humanos, nada iguala à maravilhosa prosperidade dos Estados Unidos" (Carlos Ripoll, *op. cit.,* pág. 163).

É possível apreciar nos textos martianos, em especial nos que dedicou a Emerson, Peter Cooper, Longfellow, Henry Garnet, Bronson Alcott, Louisa May Alcott, Whittier, Edison, Sheridan, Búfalo Bill, etc., aquelas palavras mágicas de respeito e elogio. De Emerson disse que "sua mente era sacerdotal, sua ternura angélica, sua cólera sagrada"; do milionário Peter Cooper, que "acreditava que a vida humana era um sacerdócio e o bem-estar, uma apostasia"; de Bronson Alcott que era "o filósofo platônico" que dizia que "se os homens nutrem com suas más práticas aquilo que têm de fera, eu farei com as minhas o que têm de pombas"; de Edison o inventor, dono de "palácio, riqueza, processos, fama e daquela inefável honra de que sua pátria se orgulha"; de Henry Garnet, o famoso orador negro que "odiava o ódio, e amava vivamente a brancos e negros".

Sobre a sociedade deixou dispersas também, nas páginas de mais de trinta jornais latino-americanos, suas múltiplas *Cenas Norte-Americanas,* escritas entre outubro de 1881 e 1894, nas quais relata a seus leitores da América espanhola, ávidos de notícias sobre os milagres do progresso norte-americano, sobre os gostos de seus homens e mulheres e sobre o sistema político nacional, sua admiração, interesse, e surpresa ante os diversos acontecimentos sociais e costumes de sua época. Destacam-se suas crônicas: *O enterro do presidente Garfield* (1881), *Coney Island* (1881), *Páscoas e Natais* (1882), *Capitalistas e operários* (1882),

Os bairros pobres de Nova York (1884), *A força do voto* (1886), *O terremoto de Charleston* (1886), *A Inauguração da Estátua da Liberdade* (1887), *As festas da Constituição* (1887), *A guerra social em Chicago* (1888), *Como se cria um povo* (1889) e *Nova York sob a neve* (1888).

Logo se vê que para um homem como Martí, dotado de uma inteligência rápida, desperta e penetrante, dificilmente iriam fora de seus estudos aqueles detalhes importantes que mostram "todas as misérias dos prejuízos sociais" norte-americanos. Por isso, durante os quinze anos em que viveu nos Estados Unidos, teve o raro privilégio de descobrir, junto à "prosperidade maravilhosa dos Estados Unidos", as desigualdades, as injustiças sociais, a discriminação racial do negro, do índio e do latino, as ambições ocultas desse país com relação ao resto da América e muitas outras razões que o levaram um dia a sentenciar com extrema preocupação: "Amamos a pátria de Lincoln, tanto como tememos a pátria de Cutting". Lincoln, por quem Martí sentia uma grande admiração, simbolizava o lado bom da alma dos Estados Unidos; Cutting, por sua vez, personagem obscuro e menor da história dos Estados Unidos, era a síntese do pior dos Estados Unidos: a arrogância, os prejuízos raciais, o desdém, o fanatismo, a intransigência, a agressividade, a avareza e o egoísmo.

Martí achava que os latino-americanos deviam conhecer, afim do progresso das repúblicas, aquelas verdades relacionadas com a "prosperidade dos Estados Unidos", pois "aquilo que é bom não se há de deixar de amar somente porque não é nosso". Nos Estados Unidos, como na Europa, havia muitas coisas proveitosas para nossos países, tais como: o saber, a tecnologia, a imensa riqueza de letras e artes etc. e ele seria o primeiro a lhe dar seu justo valor e a divulgá-las entre seus leitores latino-americanos.

De fato, em função de sua dupla missão histórica: a de obter a independência definitiva de Cuba e a de garantir e consolidar a da nossa América, Martí acreditou que era mais útil falar daquelas outras verdades que tanto o preocupavam e que o levaram a temer a pátria de Cutting, porque elas punham em perigo a integridade e a identidade da Nossa América.

Martí via com tão bons olhos a idéia de manter informados aos povos latinos a respeito dessas outras verdades da América do Norte, que decidiu inaugurar em março de 1894, no jornal *Pátria*, uma seção permanente de curiosidades sobre os Estados Unidos, onde foi dando a conhecer a tradução literal daqueles acontecimentos que revelavam: "...as duas úteis verdades da Nossa América: o caráter cruento, desigual e decadente dos Estados Unidos, e a existência, contínua neles, de todas as violações, discórdias, imoralidades e desordens de que se culpa aos povos latino-americanos".

Com suas crônicas sobre os Estados Unidos, Martí fez pelo menos quatro contribuições à "Nossa América". A primeira foi a de demonstrar que neste país, diferente do que a maioria pensava, não se haviam podido fundir os elementos de origem e tendência diversos, com que se moldou o país depois de um século de ocupação política, e que pelo contrário, acentuavam-se cada vez mais as diferenças primárias e se convertia numa federação não natural, num estado de violenta conquista. A respeito, dizia:

"Não augura, porém certifica, o que observa os Estados Unidos, como em vez de prestar-se a causas de união, estas se afrouxam; ao invés de serem resolvidos os problemas da humanidade, estes se reproduzem; em vez de amalgamar-se na política nacional as localidades, dividem-nas e cerceiam-se; em vez de se robustecer a democracia e salvar-se do ódio e da miséria das monarquias, corrompe-se e diminui a democracia e renascem ameaçadores, o ódio e a miséria".

O cubano adverte que era infantil e condenável considerar como conquistas de caráter nacional alguns logros reais ou aparentes alcançados por regiões ou grupos sociais nos Estados Unidos, quando o certo é que existiam grandes diferenças sociais tanto dentro quanto nas repúblicas. A respeito, diria no artigo *A verdade sobre os Estados Unidos:*

"É uma suprema ignorância, e de uma superficialidade infantil e punível, falar dos Estados Unidos e das conquistas reais ou aparentes de uma sua comarca ou grupo delas, como de uma nação total e igual, de liberdade unânime e de conquistas definitivas: tal Estados Unidos, é uma ilusão ou uma projeção. Das cavernas de Dakota, e da nação que dali vai se erguendo, bárbara e viril, há todo um mundo de cidades do Leste, lotadas, privilegiadas, cheias de castas, sensuais, injustas" (*op. cit.*, pág. 246).

Oito anos antes, Martí havia constatado de que como esta nação, que se considerava e à qual consideravam a bandeira da liberdade política e da democracia no mundo, no fundo não era outra coisa senão a campeã das desigualdades entre as diversas classes sociais, às que ele chamou de castas. Em A *força do voto,* artigo publicado no jornal *O Partido Liberal*, nos dias 4,5, e 6 de novembro de 1886, dirá com essas palavras:

"Apodrecem as cidades; agrupam-se seus habitantes em castas endurecidas; opõem-se com o passar do tempo, montanhas de interesses ao desenvolvimento tranqüilo e luminoso do homem; na própria morada da liberdade, amontoam-se de um lado os palácios de balcões de ouro, com suas mulheres aéreas e seus cavalheiros obesos e empanzinados e rodam do outro, nos condutos de esgotos, como as sanguessugas com seu limo pegajoso, os filhos enfermiços e deformados dos trabalhadores...)" (ibidem).

Segundo Martí, as desigualdades sociais eram responsáveis pela dependência econômica e financeira cada vez maior dos operários norte-americanos para com os grandes empresários e empregadores nacionais, a ponto de que aqueles pobres homens muitas vezes se viam na penosa necessidade de vender seu voto, com o que haveriam de contribuir para governar seu povo, em troca de um barril de farinha ou de um par de sapatos.

No mesmo texto, dizia Martí: "A liberdade política não pôde servir de consolo aos que não vêem benefício imediato algum em exercê-la, nem conservam sempre sua independência dos empregadores que exigem o voto dos operários em atenção ao salário que lhes pagam, nem têm em sua áspera existência tempo para entender, nem ocasião ou vontade de gozar, o prazer viril que produz a participação nos negócios da pátria" (Ibidem).

Martí relatou também as "rebeliões" cada vez mais freqüentes e violentas em que tais desigualdades sociais lançavam os operários contra os capitalistas por melhorias salariais que lhes proporcionassem um modo mais humano de comer e de vestir. Calcula-se que na década de oitenta, tiveram lugar umas mil greves operárias nos Estados Unidos, nas quais participaram cerca de seis milhões de trabalhadores, onde muito poucos dentre eles melhoraram suas condições de vida. Na crônica *Capitalistas e operários,* publicada em *La Nación,* a 13 de setembro de 1882, Martí diz:

"Estamos em plena luta de capitalistas e operários. Para os primeiros são o crédito nos bancos, a espera dos credores, os prazos dos vendedores, as contas de final do ano. Para os operários é a conta diária, a urgente e implacável necessidade, a mulher e o filho que comem à tarde o que o pobre trabalhou para eles de manhã. E o capitalista folgado constrange ao pobre operário a trabalhar por um preço ruim (...) Para ele, capitalista, uns quantos cêntimos de libra para as coisas de comer, são apenas um número na balança anual. Para o operário, esses centavos acarretam em sua existência de centavos, a privação imediata de artigos elementares e imprescindíveis. O operário pede salário que lhe dê uma forma de vestir e comer. O capitalista lhe nega" (ibidem).

O egoísmo, o afã pelo dinheiro e o caráter mesquinho do capitalismo haviam gerado, quase na mesma proporção e rapidez da riqueza e do progresso, o crescimento daquelas concentrações humanas pobres e famintas que habitavam a periferia das grandes cidades. Sobre elas, Martí escreveu em *Os bairros pobres de Nova York,* artigo publicado no jornal *La Nación*, a 16 de junho de 1884:

"Nos bairros miseráveis que deixam sua gente sufocada pelas grandes avenidas, sobem pelos joelhos de suas mães, como insetos em troncos de árvores, as criancinhas enfermas, esses pobres, criancinhas descarnadas e exangues, que nessas grandes cidades sem fé e sem sossego, têm como flores do lodo, de mulheres brutais os trabalhadores descontentes e iracundos: esses pequenos, apenas o sol surge na terra, começam a secar, encolher e desvanecer, como os pântanos nos meses ardentes" (Ibidem).

A segunda grande contribuição martiana foi a de haver igualado, muito antes que qualquer outro latino-americano do século passado, o homem latino ao homem saxão e vice-versa. Martí achava que podiam se encontrar, como iguais; o desinteresse construtivo ou o ódio iníquo, o egoísmo ou a generosidade, a virtude ou o defeito, tanto no homem saxão como no homem latino. Martí chegou a dizer que não existiam as raças, mas "... diversas modificações dos homens, nos detalhes de vestimenta e formas que não lhes alteram o idêntico", *e* Martí empregou novos argumentos para tratar de explicar as razões das grandes diferenças sociais, econômicas e culturais entre o Norte e o Sul. Segundo ele, a distância que separava a sociedade latino-americana da norte-americana não era conseqüência do tipo de raça na qual habitavam, mas do peculiar agrupamento histórico que lhes havia dado lugar. Enquanto os homens da nação do Norte eram fruto da "hombridade favorecida pela perene defesa das liberdades locais"*,* os filhos da nossa América eram resultado *"dum governo que é como pirataria política, a excrescência de um povo europeu, soldadesco e atrasado..." (A verdade...* pág. 1).

Em *Mente Latina,* artigo publicado em *La América,* de Nova York, em novembro de 1884, Martí já faz referência ao falso mito da superioridade ianque com relação à raça espanhola. Aqui contrapõe a inteligência dos estudantes norte-americanos à inteligência dos estudantes latinos, responsáveis pelo maior número de prêmios obtidos num colégio de Nova York, apesar de que representavam somente uma Sexta parte do total dos educandos.

"Brios não nos faltam. Veja-se o catálogo do colégio. É um colégio norte-americano, onde apenas uma Sexta parte dos educandos é de raça espanhola. Mas em prêmios não: ali a parte cresce, e se para cada aluno de fala hispânica há seis que falam inglês, para cada seis americanos do norte premiados, há outros seis americanos do sul.

....

Não é de nos alegrarmos ver que onde entram a lidar uma criança de nossas terras, pobre de carnes e de sangue aquoso, contra carnudos e sangüíneos rivais, vence?

Nesse colégio de que falamos, apenas vão os alunos de raça espanhola a mais aulas que as elementares e as de comércio. Pois no elenco das aulas de comércio, de cada três alunos favorecidos, dois são das nossas terras. O maior detentor de livros é um tal Vicente de la Hoz. O que mais soube de leis comerciais é um tal Esteban Viña. O que arrebatou todos os prêmios de sua classe, sem deixar migalha para os formidáveis ianquezinhos, é um tal Luciano Malabat; e os três prêmios de composição em inglês, não são um Smith, um O'Brien ou um Sullivan, mas um Guzmán, um Arellano e um Villa! (*op. cit.*, t. 6, págs. 24-26).

Martí percebe como, apesar das facilidades que sempre beneficiaram aos norte-americanos, seu caráter havia decaído desde a independência, o que os tornava menos humanos e menos viris que antes. Em troca, o homem latino-americano, não obstante as confusões e fadigas que faziam parte de sua longa e triste história, "frente a todas as luzes, hoje é superior (...) ao que era quando começou a surgir da massa de clérigos charlatães, ideólogos que não eram peritos em nada e ignorantes ou índios selvícolas" (Ibidem, págs. 2-3).

A terceira contribuição martiana, nasce das duas anteriores. Se a sociedade norte-americana era crua, desigual e decadente; se aí se cometiam as mesmas violações, discórdias, imoralidades e desordens de que acusavam Nossa América; e se não havia diferença essencial entre o homem latino e o saxão; por que se haveria então de imitá-los, porque pensar como Sarmiento, Bilbao e Alberdi, que poderia se repetir na América Latina a mesma história do Norte para se obter civilização e progresso.

Martí supera aos pensadores de seu tempo ao advertir que se comete entre os povos da América espanhola um grave erro quando se intenta alcançar as conquistas econômicas e sociais dos países da Europa ou dos Estados Unidos, imitando-os e importando modelos e fórmulas ou quando a fé na virtude alheia é tão excessiva que os debilita e os faz desconfiar de si mesmos. Havia chegado o momento, segundo Martí, de parar com a ignorância, com o deslumbramento e com a impaciência de cair na servidão imoral de uma civilização danosa e alheia:

"(...) é aspiração irracional e nula, covarde aspiração de gente ultrapassada e ineficaz, a de chegar à firmeza de um povo estranho por vias distintas das que levaram à segurança e à ordem do povo invejado; pelo próprio esforço e pela adaptação da liberdade humana às requeridas formas pela constituição peculiar do país. Em alguns é o excessivo amor ao Norte, a expressão explicável e imprudente; de um desejo de progresso tão vivaz e fogoso, que não vê senão as idéias, como as árvores, hão de vir de uma longa raiz e ser de solo afim, para que prendam e prosperem, e que ao recém-nascido não se lhe dá o aspecto de maturidade, mesmo que se lhe preguem bigodes e suíças no rosto macio. Assim se criam monstros, não povos: deve-se viver por si e deixar que as coisas fermentem por si mesmas. Noutros, a ianquemania é inocente fruto de um ou outro pulinho prazeroso, como quem julga o interior de uma casa e das almas que nela suplicam ou falecem, pelo sorriso e luxo da sala de visitas, ou pela champanha e pelo cravo da mesa de recepções...

(...) Noutros enfermiços póstumos do dandismo literário do segundo império, ou cépticos postiços sob cuja máscara de indiferença precisa bater um coração de ouro, a moda é de desdém, e mais, do nativo; e não lhes parece que haja elegância maior do que importar do estrangeiro as calças e as idéias, e ir pelo mundo erguido, como um garanhão, acariciando o pompom da cauda. Noutros é como sutil aristocracia, com a que amando em público o loiro como próprio e natural, tentam encobrir a origem que têm do mestiço e humilde, sem ver que sempre foi entre homens sinal de bastardia o andar falando mal dos outros por detrás (...)

E conclui Martí:

"(...) convém e até urge, colocar diante de Nossa América, toda a verdade americana, do saxão como do latino, a fim de que a fé excessiva na virtude alheia não nos debilite, em nossa época de fundação, com a desconfiança imotivada e funesta do mesmo" (*op. cit.*, pág. 247).

Finalmente, a Quarta e última contribuição martiana que desejamos expor e comentar, foi a de havê-la juntado ao fato de advertir a urgente necessidade que tinha a América Latina de se unir e preparar logo para enfrentar o perigo maior que se avizinhava: a intervenção dos Estados Unidos em nossas terras da América; a de advertir que tal país se preparava para pôr em prática no Sul, junto com a militar, um novo tipo de intervenção: a econômica; e a de evitar que tal risco somente podia ser evitado se se andasse depressa com a independência de Cuba e de Porto Rico e que fossem colocadas em ambas as nações, bases firmes e seguras.

Muito antes do período de sua residência nos Estados Unidos e ao de suas crônicas sobre o país, Martí já se havia referido ao espírito da nação americana. De sua época de estudante no Instituto de Havana, quando tinha somente quinze anos, são as seguintes palavras: "Os norte-americanos pospõem a utilidade do sentimento. Nós pospomos o sentimento à utilidade", (ib) e de 1875, quando residia no México, são estas perguntas que se coloca ante o perigo iminente do expansionismo norte-americano: "A América vai ser o que: Roma ou América? César ou Espártaco? Que importa que César não seja uno, se a nação, como tal não é cesária?... Abaixo o cesarismo americano! As terras de fala espanhola são as que hão de salvar na América a liberdade, as que hão de abrir o continente novo a seu serviço de abrigo honrado. A mesa do mundo está nos Andes" (Ibidem).

Entretanto, o que não puderam antever nem Martí nem os demais pensadores antes da década de 1880, foi o novo modelo de dominação colonial desenhado pelos Estados Unidos para a América Latina, porque ele então não existia ou porque se estava moldando. Esta percepção seria possível a Martí na maturidade porque o período de sua permanência nos Estados Unidos coincide com o momento durante o qual esta nação se transforma de país pré-monopolista em país monopolista e imperialista.

De 1889 datam as duas primeiras crônicas onde aqueles prognósticos e temores martianos, já citados anteriormente, começam a se manifestar com força crescente em seu pensamento e em sua obra. Em seus textos jornalísticos da época, expõe com angústia, que depois de conquistado o oeste, incluindo a metade do México e cicatrizada a guerra civil, o próximo passo dos Estados Unidos seria lançar-se sobre o resto da América, começando por Cuba e Porto Rico.

A primeira delas foi *Reivindicação de Cuba,* onde Martí responde a um artigo surgido dias antes no *The Manufacturer* da Filadélfia com o título *Queremos Cuba?,* além do mais expunha as vantagens e desvantagens de tal pretensão. Por fim, o texto publicado se opunha à idéia de que os Estados Unidos adquirissem a maior das Antilhas e manifestava seu desprezo pelo povo cubano:

"Sua população se divide em duas classes: espanhóis, cubanos de ascendência espanhola e negros. Os espanhóis estão provavelmente menos preparados que os homens de qualquer outra raça branca para ser cidadãos americanos. Governaram Cuba durante séculos. Governam-na agora com os mesmos métodos que sempre empregaram, métodos em que se junta o fanatismo à tirania, e a arrogância fanfarrona, à insondável corrupção. Quanto menos tivermos deles, será melhor. Os cubanos não são mais desejáveis. Aos defeitos dos homens da raça paterna, unem o afeminado e uma aversão a todo esforço, que chega verdadeiramente a ser uma doença. Não se sabem fazer valer, são preguiçosos, de moral deficiente e incapazes por natureza e experiência para cumprir com suas obrigações de cidadania numa república grande e livre. Sua falta de força viril e de respeito próprio, está demonstrada pela indolência com que por tanto tempo se submeteram à opressão espanhola, e suas próprias tentativas de rebelião foram de tal forma ineficazes, que passam pouco mais de uma farsa. Quanto aos negros cubanos, estão claramente ao nível da barbárie. O negro mais degradado da Georgia, está mais bem preparado para a Presidência [dos Estados Unidos] que o negro comum de Cuba para a cidadania americana..."(ibidem).

Em *Reivindicação de Cuba,* Martí logo se opõe tenazmente ao movimento anexionista cubano, que defende a proposta de anexar a maior das Antilhas aos Estados Unidos; primeiro, porque a considera contrária a toda idéia de independência verdadeira; segundo, porque seria fazer o jogo do país do Norte, que só esperava o momento oportuno para cair sobre as nações latino-americanas, abrindo-lhes as portas de entrada na América e convertendo Cuba em seu trampolim; manifesta-se contra os fracos que por uma admiração ardente pelo progresso e pela liberdade, pelo pressentimento de que suas forças seriam maiores em melhores condições políticas, pelo infeliz desconhecimento da história e das tendências da anexação, defendem as idéias anexionistas, admite que os cubanos verdadeiros nem necessitam nem querem a anexação e adverte sobre os Estados Unidos:

"Admiram (os cubanos) a esta nação, a maior de quantas jamais erigiu a liberdade; mas desconfiam dos elementos funestos que, como vemos no sangue, começaram nesta república portentosa sua obra de destruição. Fizeram dos heróis desse país seus próprios heróis, e anseiam pelo êxito definitivo da União Norte-americana, como a glória maior da humanidade; porém, não podem acreditar honestamente que o individualismo excessivo, a adoração da riqueza, e o júbilo prolongado duma vitória terrível, estejam preparando os Estados Unidos para ser a nação típica da liberdade, onde não haverá opinião fundada no apetite imoderado do poder, na aquisição ou triunfo contrários à bondade e à justiça. Amamos a pátria de Lincoln, tanto como tememos a pátria de Cutting" (*op. cit.*, pág. 148).

Sem dúvida, onde chega a ser maior a capacidade analítica de Martí, com relação à política expansionista dos Estados Unidos, é em seus extensos e profundos comentários sobre a Primeira Conferência das nações Americanas, que foi celebrada em Washington entre outubro de 1889 e abril de 1890, publicados no jornal *La Nación,* de Buenos Aires, nos dias 19 e 20 de dezembro de 1889, com o título *Congresso Internacional de Washington: sua história, seus elementos e suas tendências.* Sobre os severos ataques martianos contra a conferência, Thomas F. McGann escreveu: "Seus relatórios eram contundentes, detalhados e de escritos vigorosos; seu estilo intrincado e alusivo, era um deleite para os leitores argentinos" (*Nossa América,* pág. 22).

Martí, sem ultrapassar os limites das concepções idealistas, pôde prever com ansiedade, que a política expansionista dos Estados Unidos não se limitava à forma tradicional de intervenção militar, senão que concebia também, e principalmente, a expansão do tipo econômico e político, e que a verdadeira intenção que os havia levado a organizar e celebrar um encontro internacional desta magnitude, era a de juntar, sem unir, os países latino-americanos numa confederação continental que lhes permitiria, aproveitando as vantagens de sua situação geográfica, impor sua hegemonia econômica na área, e assumir e manter o controle sobre os países vizinhos num jogo de poder onde as regras seriam ditadas por eles.

Já no primeiro parágrafo diz: "Jamais houve na América, da independência para cá, assunto que requeresse mais sensatez, que obrigue à uma maior vigilância, que solicite um exame mais claro e minucioso que o convite dos Estados Unidos, poderosos, repletos de produtos invendáveis e determinados a estender seus domínios pela América, tornando as nações americanas menos poderosas, ligadas pelo livre-comércio e útil para com os povos europeus, fechando as portas dos negócios com o resto do mundo" *(op cit,* pág. 170).

Martí não acreditava num país que como os Estados Unidos, jamais havia demonstrado ser generoso o suficiente para oferecer sua ajuda quando as nações vizinhas mais estavam precisando, e compreende com clareza que seus planos de integração põem em risco o futuro da Nossa América, porque tenta-se com eles ensaiar um novo sistema de colonização. Por isso, mais adiante adverte: "Da tirania da Espanha, soube salvar-se a América espanhola: e agora, depois de ver com olhar criterioso, as causas e os fatores do convite, urge dizer, porque é verdade, que chegou para a América espanhola a hora de declarar sua segunda independência" (ibidem).

A complexidade do tema sobre a expansão dos Estados Unidos da América, impediram que Martí o tratasse com toda a necessária profundidade em suas *Cenas Norte-americanas*. Poucos países estavam em condições de publicar trabalhos seus, nos quais de maneira aberta criticava-se a política dos Estados Unidos. Conseguiu publicar na Argentina suas duas crônicas sobre a Conferência Internacional, aproveitando o fato de que este país era hostil aos propósitos norte-americanos. Desta forma, muitas de suas considerações sobre o assunto, sobretudo aquelas que estavam relacionadas a Cuba, teve-as que expor em cartas e noutros escritos pessoais.

Martí compreendeu que a essa altura, os Estados Unidos possuíam um plano quase perfeito para lançar-se e apoderar-se de toda a América. Enquanto tentava assegurar o domínio sobre as nações independentes através da constituição duma Organização dos Estados Americanos, que lhe irá garantir o ministério das futuras colônias; acreditava que o problema de Cuba e Porto Rico seria resolvido com uma intervenção militar. Em carta a seu compatriota, amigo e discípulo Gonzalo de Quesada, Martí diz a respeito:

"Sobre nossa terra, Gonzalo, há outro plano mais tenebroso que o que até agora conhecemos e é o iníquo de forçar a Ilha, de precipitá-la na guerra, para ter pretexto de nela intervir, e com o crédito de mediador e de doador de garantias, ficar com ela. Coisa mais covarde não há nos anais dos povos livres: nem maldade mais fria. Morrer, para dar força à essa gente e nos empurra para a morte em seu próprio benefício?" *(op. cit.,* pág.18).

Até sua morte em combate pela independência de sua pátria, Martí continuou se referindo com obsessão aos interesses imperialistas dos Estados Unidos de apoderar-se da América e a dos perigos que estavam próximos. Em sua última carta, a que deixara inconclusa para seu amigo mexicano Manuel Mercado, diria: " (...) já estou correndo todos os dias o perigo da minha vida por meu país e por meu dever – posto que o entendo e tenho ânimo com que realizá-lo – de impedir a tempo com a independência de Cuba, que se estendam pelas Antilhas os Estados Unidos, e caiam com mais essa força sobre nossas terras da América. Tudo quanto fiz até hoje, e farei, é para isso (...). Vivi no monstro, e conheço as entranhas: – e minha funda é a de David" (Idem, idem, pág. 252).

Finalmente convém dizer, como síntese, que as percepções que teve Martí e divulgou sobre a América do Norte, tornaram-no um precursor dentro do pensamento latino-americano, não só porque se apercebeu antes que os demais e a tempo, dos vícios e defeitos que corroem a sociedade, que o mundo considera como o modelo ideal de progresso; a não ser também porque considerou oportuno advertir às nações latino-americanas antes que fosse demasiado tarde, "não se deve exagerar – dizia ele – o que se vê, torcer, nem calar (...) O primeiro de tudo na política, é esclarecer e prever", os riscos de cair nos mesmos erros que os Estados Unidos com a conduta "de segundo plano" de imitar as civilizações ocidentais; da superioridade do homem latino, por ser mais humano e viril, em relação ao homem saxão; e da necessidade de se preparar para enfrentar o perigo maior que se avizinha: a intervenção dos Estados Unidos em nossas terras da América.

MARTÍ, ECONOMIA E SOCIEDADE

O estudo dos fenômenos econômico-sociais foi outro tema de especial atenção para José Martí, que compreendia plenamente a relação entre essa esfera da sociedade e a vida política e espiritual. Mas não foi Martí um economista, antes foi um político revolucionário que plasmou em sua estratégia de libertação continental, toda uma concepção econômica. Para os economistas, seus textos surpreendem, porque não adota o aparato de categoria da ciência econômica, antes mantém sua bela linguagem, ainda que para fazer referência às frias questões econômicas.

Economia

Nas universidades espanholas, Martí estudou economia política, no texto *Elementos de Economia Política,* do professor francês José Garnier, seguidor das doutrinas de Juan Bautista Say. Martí leu muito Garnier, mas distanciou-se dele assinalando que "falta-lhe às vezes profundidade" e o qualifica de "eloqüente simplista".

Naquela época, também estavam presentes na Península Ibérica as idéias de John Stuart Mill e dos fisiocratas franceses. A evolução posterior do pensamento martiano parece afirmar que os postulados fisiocráticos, defensores da produção agrícola como base do desenvolvimento econômico, lhe serviram em muito para conformar seu pensamento econômico.

O poderoso intelecto de Martí tratou de entender e de talhar soluções acertadas para as principais problemáticas do seu tempo, muito distintas nos diversos países em que morou: Cuba estava em plena crise do modelo colonial, mono-produtor e monoexportador, com uma crescente dependência comercial dos Estados Unidos; a América Latina, imersa no processo de consolidação dos estados nacionais, importava modelos de desenvolvimento da Europa ou dos Estados Unidos, com uma tendência marcante ao mimetismo; enquanto que, nos Estados Unidos ocorria a passos largos, o capitalismo da livre concorrência ao monopolista, em meio à uma veloz concentração e centralização do capital e a produção e do incremento das lutas sociais. O pensamento martiano atenderia a todas essas realidades de sua época.

A primeira realidade sócio-econômica que se reflete na obra de Martí é a da Cuba colonial. Assim, em *La república española ante la revolución cubana* (1873), e outros textos juvenis, estão presentes a rígida estrutura sócio-econômica e classista daquela sociedade, com predomínio de burocratas e comerciantes espanhóis; a escravidão do negro – e logo sua discriminação – e o freio espanhol às potencialidades das forças produtivas na Ilha. Em seu apostolado político, já nos anos 1890, Martí tinha em conta os diferentes interesses de classe e econômicos que estão presentes na comunidade de exilados cubanos, imprescindíveis para lograr a unidade do movimento revolucionário.

Mas, foi durante sua estadia no México (1875), onde a problemática econômica se faz presente na obra de Martí. Seus *Boletins de Orestes,* para a *Revista Universal,* contêm importantes reflexões sobre os problemas e as possibilidades da economia mexicana; criticam a confiança excessiva dos mexicanos na mineração do ouro e da prata e pleiteia a necessidade do desenvolvimento agrícola, como base da indústria.

A esse tempo, Martí, ante o perigo da penetração norte-americana no México e a cópia acrítica de suas experiências, escreve em suas anotações: "Os norte-americanos pospõem à utilidade o sentimento. Nós pospomos ao sentimento a utilidade. E se há esta diferença de organização, de vida (...) como quereis que nós nos legislemos pelas leis com que eles se legislam? Não copiemos, não! É bom, dizem-nos. É americano, dizemos. Cremos porque temos necessidade de crer. Nossa vida não se assemelha à sua, nem deve em muitos pontos se assemelhar. A sensibilidade entre nós é muito veemente. A inteligência não é tão positiva, os costumes são mais puros. Como com leis iguais vamos reger dois povos diferentes? As leis americanas deram ao norte um alto grau de prosperidade, e elevaram-no também ao mais alto grau de corrupção. Tornaram-no à uma base de metal para fazê-lo próspero. Maldita seja a prosperidade a tão alto preço! (...) E se o estado geral de ilustração nos Estados Unidos os seduz, apesar da corrupção, de seu uso gelada do metal, podemos aspirar sem nos corromper?" em 1875, já o jovem Martí brindou sua própria definição de ciência econômica: "A Economia ordena a que se franqueie, mas cada país cria sua economia específica. Esta ciência não é mais do que o conjunto de soluções para distintos conflitos entre o trabalho e a riqueza".

Os liberais mexicanos de meados da década de 1870, debatiam intensamente a conveniência de aplicar uma política protecionista ou de livre-câmbio. Martí se mostra contrário ao protecionismo, pois prejudica "à grande massa, sobretudo quando recai sobre um objeto de uso indispensável", embora reconheça que protege à indústria nacional da competição desleal com os estrangeiros. Não foi tampouco um livre-cambista, postulando o uso de uma ou outra dessas políticas segundo as conveniências do país.

Durante sua permanência na Guatemala (1877-1878) amadurece uma série de idéias principais sobre o desenvolvimento econômico. Entre elas se encontram:

• Sem um desenvolvimento agrário importante, que assegure uma fonte permanente de alimentos (auto-suficiência alimentar) e um consumo estável de produtos manufaturados (mercado interno), não é possível pleitear um desenvolvimento industrial, com base nas melhores condições de progresso da época.

• Cada país deve desenvolver seus cultivos típicos e distintos, próprios das condições naturais e sociais, para poder competir vantajosamente.

• Necessidade de desenvolver a técnica agrícola e pô-la à altura da Europa e dos Estados Unidos. Para isso postulava: "Misture-se Química e agricultura e não se irão colher grandeza e riqueza".

• Eliminação da grande propriedade com detenção das terras e fomento das terras camponesas, uma terra intensiva e diversificada. Dizia Martí: "É rica uma nação que conta com muitos pequenos proprietários. Não é rico o povo onde há muitos homens ricos, senão aquele onde cada um tem um pouco de riqueza. Em Economia Política e no governo, distribuir é tornar venturoso" E "O melhor cidadão é o que cultiva uma maior extensão de terra".

• Educar os filhos e jovens para a agricultura, no amor e no apreço pelo trabalho agrícola.

• Integração da população camponesa à vida social moderna.

Entre os anos de 1883 e 1884, José Martí, já radicado nos Estados Unidos, publicou na revista *La América,* profundas análises sobre a economia e a sociedade daquele país e desenvolve seu esboço de programa, ou de política econômica para a América Latina, enfatizando que somente a transferência de tecnologia seria capaz de alavancar a superação das arcaicas estruturas socioeconômicas. E mais:

defende a idéia de expor-se os produtos latino-americanos em grandes feiras e serem realizadas nos Estados Unidos.

Neste período aparece um elemento novo no pensamento martiano: o alarma e o rechaço ao modelo de neocolonialismo econômico que os Estados Unidos propõem aos países latinos e que dá seus primeiros passos com o Tratado Comercial entre os Estados Unidos e o México em 1883.

Nos Estados Unidos, Martí compreende que a economia norte-americana, abundante de mercadorias invendáveis e de capitais ociosos, necessita dos mercados latino-americanos para sua reprodução ampliada e os políticos ianques, servidores dos monopólios, estão dispostos a lutar contra a Europa pelo domínio continental.

O crescente problema entre o capital e o trabalho não escapou à visão social de José Martí, que considerou que a ciência econômica deve brindar soluções a esses conflitos, evitando um estouro social. Sua análise, que parte das categorias clássicas de trabalho, propriedade e riqueza, concebe a identidade entre o trabalho e a propriedade como condição básica para a igualdade dos indivíduos, dos cidadãos na nova república, evitando a contraposição entre trabalho e riqueza.

Sociedade

Nas análises da sociedade, José Martí adota pontos de vista metodológicos próximos aos da historiografia francesa da Restauração e dos textos marxistas sobre a sociedade. Assim, ao estudar os Estados Unidos, parte de um enfoque integrativo e dinâmico da sociedade ao postular que: "Para conhecer a um povo, há que se estudá-lo em todos os seus aspectos e expressões: em seus elementos, em suas tendências, em seus apóstolos, em seus poetas e em seus bandidos!". Este enfoque permitirá chegar a determinar as características essenciais, missão fundamental do investigador, pois, dizia Martí, deve-se "estudar as coisas em sua raiz e significado, não em sua mera aparência".

Os postulados martianos sobre o desenvolvimento social incluem a fundamentação da necessidade das revoluções, quando a evolução normal da sociedade for interrompida, chegando a marcar os instantes de rebelião como "limites que marcam as etapas dos povos" (*op. cit.*, vol. 4, pág. 324) e chegando a justificar as guerras como *remédio excelente para os países desequilibrados* (*op. cit.*, vol. 11, pág. 452). Para Martí: "De vez em quando é necessário sacudir o mundo para que o que estiver apodrecido caia por terra". Este ponto de vista expressa a unidade indissolúvel entre seu trabalho intelectual, sua práxis política e sua visão ética da vida.

O grave problema ético que significava para um humanista como Martí ser o inspirador máximo da Guerra Necessária, molda sua resposta nesta análise do objetivo da realidade cubana: "Esta não é a revolução da cólera. É a revolução da reflexão. É a única forma, é a única via pela qual podemos chegar, tão rápido quanto querem nossas necessidades imperiosas, à realização de nossos brilhantes e enérgicos destinos" (*op. cit.*, 21, págs. 107-108).

MARTÍ E A FILOSOFIA

José Martí não foi um pensador sistemático, não tentou criar um sistema filosófico, embora fosse Licenciado em Filosofia e Letras pela Universidade espanhola de Zaragoza com notas excelentes. Sua obra teórica e prática foi dirigida para um fim político: a realização da revolução de libertação nacional em Cuba. Seu pensamento filosófico – ou a vertente filosófica de seu pensamento – constituía o fundamento genérico para seus projetos de transformação da realidade latino-americana. Esta situação fez com que muitos autores, selecionando fragmentos dispersos da obra martiana, pretendam convertê-lo à suas próprias posições: idealistas subjetivos e objetivos, materialistas-dialéticos, teósofos, espíritas e maçons, encontram na copiosa bibliografia de José Martí idéias similares às suas. Mas o pensador cubano sempre evitou submeter-se a um único sistema de pensamento. A respeito declarou: *"Agora, quando os homens nascem, estão de pé junto ao seu berço, com grandes e fortes vendas preparadas nas mãos, todas as filosofias, as religiões, os sistemas políticos. Já o atam e o enfaixam – e o homem fica então, por toda sua vida na terra, como um cavalo com bridas. Eu sou um cavalo sem sela"* *(op. cit.* vol. 21, pág. 167).

De toda a obra martiana somente um trabalho é dedicado a questões puramente filosóficas: *"Juízos filosóficos"* (*op. cit.*, vol. 19), que contém notas das conferências de História da Filosofia que ditara na Guatemala, entre 1877 e 1878, embora também sejam muito úteis para o estudo dessa vertente de seu pensamento os tomos de suas Obras Completas dedicados a *Cadernos de Apontamentos (op. cit.,* vol. 21) e *Fragmentos* (*op. cit.,* vol. 20). Não obstante, unicamente sobre a base destas obras não se pode dar uma conclusão definitiva com respeito a seus pontos de vista filosóficos, por quanto *"Juízos Filosóficos"*, a mais importante, foi escrita por um Martí jovem, com apenas 24-25 anos, que se encontrava num primeiro período da evolução de seu pensamento, processo que só culminaria com sua queda em combate em Dos Ríos, a 19 de maio de 1895.

No sentido clássico do termo, como ciência das questões mais genéricas do ser e da consciência, é difícil sustentar a existência duma filosofia de José Martí, pois nunca chegou a sistematizar suas idéias filosóficas numa teoria. Mas não se pode objetar a existência dum pensamento filosófico em ele – como projeção do conhecido ao desconhecido – com elevada dose eletiva e autóctone, estreitamente ligado à concepção política, traço comum a todo o pensamento hispano-americano. Sobre a originalidade de seu pensamento, o próprio Martí havia assinalado: *"posso fazer dois livros, um dando a entender o que outros escreveram; um prazer nada útil e que não é especialmente meu. Outro, estudando-me a mim mesmo por mim mesmo – prazer original e independente – redenção minha por mim, que agradaria aos que se querem redimir. Prescindo pois de quanto sei e entro no meu ser. O que éramos? O que somos? Por que podemos ser?"*.

Seu ideário filosófico tentaria dar uma resposta a estas perguntas e se expressa por meio de diversas teses que abarcam os campos principais do saber filosófico: a ontologia, a gnoseologia, a axiologia, a religiosidade e a sociologia, tendo como fio condutor uma preocupação antropológica – herança do pensamento cubano anterior – expressa numa ética elevada, que chega a permear todo seu pensamento. A própria definição que dá Martí da Filosofia e dos filósofos, tem o matiz de sua ética. Para ele: "filosofia é a ciência das causas. Conhecer as causas possíveis e usar os meios livres e corretos para investigar as não conhecidas, é ser filósofo".

Na formação do pensamento filosófico de José Martí desempenharam um destacado papel as concepções dos pensadores cubanos que o antecederam, como os Padres José Agustín Caballero e Félix Varela Morales e os mestres José de La Luz y Caballero e Rafael María de Mendive. Nesta corrente de pensamento nacional, carregada do eletivo, de crítica à Escolástica, de defender à racionalidade do XIX, sobre a base duma ética do patriotismo, Martí insere-se como um continuador e como alguém que supera tal pensamento. Sua visão eletiva o permite postular que: *"não há forma de salvar-se do risco de obedecer cegamente a um sistema filosófico, a não ser se nutrindo de todos eles"* ("Oscar Wilde", *op. cit.* , vol. 3, pág. 246).

Não obstante seu arraigado sentimento cubano, o pensamento filosófico de Martí mostra uma constante evolução, a partir dos conhecimentos novos, experiências existenciais e influências universais que eram absorvidas e filtradas por ele, como se fosse um homem-esponja.

Várias escolas filosóficas influíram em Martí. Em seu pensamento estão presentes postulados da ilustração enciclopedista, do krausismo, do panteísmo, da Filosofia Clássica Alemã, do positivismo, do transcendentalismo, do espiritualismo, do estoicismo e do pitagorismo hinduísta. Em sua época de professor de História da Filosofia, na Universidade da Guatemala, havia sintetizado as escolas filosóficas em duas grandes correntes: a de Aristóteles e a De Platão – Jesus Cristo. Explicava Martí: *"Ao estudo do mundo tangível, se denominou física; e ao estudo do mundo intangível, metafísica. O exagero daquela escola se chama materialismo; e ocorre com o nome de espiritualismo, embora não deva chamar-se assim, ao exagero da segunda. Todas as escolas filosóficas são a verdade: cada uma delas isolada, é somente uma parte da verdade"* (*op. cit.*, vol. 19, págs. 359-360).

Durante seus estudos na Europa, o que influiu principalmente foi o Krausismo espanhol, predominante nos círculos universitários de Madrid e Zaragoza. Dele, assimilou sua crítica aos dogmas da Igreja Católica e do culto à ciência como fator de transformação social. A ontologia de José Martí ficaria marcada por uma atitude mediadora dos krausistas ante a relação consciência-matéria e ante a questão gnosceológica da relação sujeito-objeto. Em Krause o jovem pensador acreditou encontrar uma filosofia intermediária entre os que exageram um dos dois pólos da relação. Sobre o tratamento deste grande problema da filosofia por parte dos filósofos alemães, Martí ressaltava: "Fichte estuda o homem em si, como sujeito de quanto pensa e aí fica", catalogando-a como filosofia subjetiva e pretendendo que tenha tido surgimento com Kant. Considera que "Hegel, o grande, os põe em relação e Krause, maior, os estuda no sujeito, no objeto e na forma subjetiva individual a que leva a relação ao sujeito que examina o objeto examinado". Continuando, declara sua preferência pela postura de Krause: "Fiquei muito satisfeito quando encontrei em Krause essa filosofia intermediária, segredo dos dois extremos, que eu havia pensado chamar Filosofia da relação" *(op. cit..,* vol. 1, pág. 98).

Porém, a predileção pelo krausismo não o faz abandonar a tradição eletiva do pensamento cubano. Por isso considera que: "Krause não é todo verdade. Isto é simplesmente uma linguagem de simplificação, de divisor, castelhano de que me valho e uso porque me parece mais adequado para realizar minhas idéias na expressão externa. Suas idéias! Minhas idéias. A independência racional, solo da verdade natural imutável e da dedução lógica exata, dependente" (op. cit., vol. 21, pág. 98).

Em seus "*Juízos Filosóficos*", Martí arremete contra as inconsistências do materialismo vulgar no que se refere ao estudo dos fenômenos psíquicos e afirma: "Uma escola nos diz que os movimentos da alma são movimentos nervosos; e como esta escola não nos diz em que nervo reside a honra dos homens, o pudor das mulheres, o amor da mãe, o amor pátrio, afastamos por falta de provas esta filosofia que não soube provar o que pretende". Alerta seguidamente também contra os erros dos idealistas, que negam a existência a realidade objetiva pois: "Outra escola nos diz que o espírito é o senhor do corpo e como vemos com nossos olhos, que sem dúvida é verdade que uma dor, como fenômeno espiritual perturba às vezes o corpo; também é verdade que um veneno, uma dor no corpo, uma maldade, perturba às vezes a razão. Rechaçamos esta segunda escola, como a outra, por ser exclusivista, teórica e perniciosa".

Em Martí está presente a idéia genealógica de que o homem percebe idealmente o objeto, que o reflete subjetivamente, mas que ao mesmo tempo, entre o refletido e o reflexo, há diferenças. Considera que o objeto é anterior ao conhecimento sobre ele e postula: "o sujeito não pode pensar, se antes desse não existisse a coisa sobre a qual pensa. A coisa pensada é una e anterior; o pensamento do sujeito sobre ela é outro e posterior (...) Os sentidos transmitem nossas sensações. Elas são geradas pelos objetos externos" (*op. cit.,* vol. 20, pág. 50).

Na obra de José Martí, manifesta-se um acentuado panteísmo. Já em 1875 postulava que: "a Natureza é tudo o que existe, em toda forma, espíritos e corpos". Vinte anos depois, em seu *Diário de Campanha* – escrito às vésperas de sua queda em combate – volta a se referir ao conceito da natureza, destacando que é nela "onde encontra poesia maior, na vida do mundo, na ordem do mundo; no fundo do mar, na verdade e na música da árvore e em sua força e seus amores, no alto do céu – com suas famílias de estrelas – e na unidade do universo que encerra tantas coisas diferentes e é todo uno" (*op. cit.* vol. 15, pág. 194).

O definitivo traço do pensamento filosófico de José Martí é o lugar central que ele outorga à ética. O sistema de valores que constitui a base da axiologia está de acordo com as seguintes virtudes:

• Desprezo pela riqueza que não seja proveniente do esforço pessoal.

• Disposição ao sacrifício pelo bem dos demais (homens, ou povos).

• Radicalismo.

• Busca da liberdade e da justiça para todos.

Embora José Martí não tenha sido um filósofo no sentido tradicional da palavra, de seu pensamento filosófico pode-se dizer o que ele dissera do poeta Walt Whitman: "seu método há de ser grande, pois que seu efeito o é". O Idealismo Prático de José Martí – como o qualificara o grande hispanista francês Noél Salomón –, adepto de análises materialistas em muitos aspectos, sobretudo da vida social, constituiu o substrato geral para seu apostolado político, apto a preparar os homens para obter a independência e a justiça maior para Cuba e a segunda e definitiva independência da Nossa América.

MARTÍ E A HISTÓRIA

Divagar sobre o pensamento histórico do grande pensador cubano seria provocar questões dúbias, entre outras: Martí teve vocação ou intenção de escrever os textos de história? Quais são os fundamentos filosóficos de suas teses relativas a história? O que de científico existe nestes postulados? E por último: que lugar confere Martí a seu projeto revolucionário?

O afã de penetrar no conhecimento e na investigação dos temas históricos para havê-lo eclipsado desde a adolescência, não só pelas leituras obrigatórias em seus estudos do segundo grau, como por ter à sua disposição a rica biblioteca de seu mestre Rafael María Mandives, onde leu os clássicos e as grandes epopéias, como *A Ilíada* de Homero e *A Eneida* de Virgílio.

Desde muito cedo, o jovem Martí aprecia a transcendência da cultura histórica com o grande objetivo de fundar a nação-pátria cubana. Já no poema dramático *Abdala* (1868), escrito com apenas 16 anos, sente-se capaz de recriar, numa atmosfera romântica, de país oriental aparentemente distante, a dramática situação histórico-concreta da Cuba de então. Nessa ocasião colocou pela primeira vez, seus conhecimentos a serviço da causa cubana, pois o cenário escolhido não é um lugar fictício, mas a Núbia, povo este, pouco conhecido que habita a região homônima da África, faz milhares de anos, dominado sucessivamente pelos poderosos invasores (egípcios, sudaneses, árabes e europeus). Martí consegue assim uma sagaz analogia histórica, atingindo a ação, geograficamente longe de Cuba – para prazer da censura – porém bem próxima no tocante à luta pela independência, pela soberania e pela constituição de um estado nacional.

A partir daquele ano de 1869, em que foi preso por suas idéias, ligam-se à vida de Martí dois elementos que o relacionam com a história de maneira diferente, embora sejam inseparáveis: seu lugar na história e suas concepções sobre a história. No dizer do Dr. Julio Le Riverend, grande historiador cubano:

"Martí na História, e Martí historiador, são uma só expressão de seu tempo. Representam a história desse tempo, personalizada no extraordinário poder de compressão" (*op. cit.*, pág. 225).

No opúsculo de Martí *O presídio político em Cuba* (1871), essa dupla condição ante a história já aparece delineada com traços dramáticos. Se por um lado, o próprio Martí descreve sua entrada no presídio – e à História – ao considerar que a Pátria o havia arrancado dos braços de sua mãe, e por outro lado "reservado um lugar para o banquete", sintetiza a história do deferendo político Espanha-Cuba ao rememorar como a tormenta revolucionária de 1810-1825 fez com que a Espanha, que "lembrava Roma", perdesse seu império, e somente as Antilhas recuperassem suas forças, recebendo em troca o escárnio e a negativa em satisfazer suas mais urgentes necessidades, até obrigá-las a recorrer à luta armada. Destacam-se também, neste texto, os inesquecíveis pareceres de seus camaradas de presídio, convertidos para sempre, pelo poder de sua pena, em heróis e mártires da história cubana.

Ao perder-se a Guerra Maior (1868-1878), entra em crise a nação cubana e Martí se entrega à tarefa de conservar, consolidar e reanimar este projeto mediante um trabalho de identificação cultural e político, onde a história desempenha um papel primordial. Nessa época, também a nação-pátria latino-americana, "Nossa América", atravessava uma crise, pelo estancamento republicano, pela invasão cultural européia e pelo perigo crescente do expansionismo ianque.

Por isso, o dever martiano pode ser catalogado como histórico: o do homem que vê a si mesmo como um indivíduo histórico, um fazedor da história, que com seu ofício terá que influenciar a nação que é sua pátria natal e na história da América e do Mundo, nos momentos de expansão imperialista em escala mundial.

Na Espanha (1871-1875), Martí estuda, observa e fortalece sua ideologia. Em 1873 escreve *A república espanhola diante da revolução cubana,* opúsculo onde brinda com uma mostra superior do nexo entre a história e a política em seu discurso. Assim, ao argumentar as razões do separatismo cubano, o elemento histórico é contundente ao defender a existência duma Pátria cubana e ressalta:

"Pátria é algo mais que opressão, algo mais que porções de terra sem liberdade e sem vida, algo mais que direito de posse à força. Pátria é comunhão de interesses, unidade de tradições, unidade de metas, doce fusão de amores e esperanças.

E não vivem os cubanos como os da península, não é a história dos cubanos a dos da península; o que para a Espanha foi glória marcante, a própria Espanha quis que seja para eles profunda desgraça" (*op. cit.*, vol. 1, pág. 92).

O contexto do momento em que Martí começa a dar conformação a seu pensamento histórico nos revela que, mais além de um interesse cognitivo frente à História, existe um interesse político. Nesse caso também era fiel a seu postulado ético-científico de que "A ciência está em se conhecer a oportunidade e aproveitá-la; é fazer o que convém a nosso povo, com sacrifício de nossas pessoas e não fazer o que convém a nossas pessoas com sacrifício de nosso povo" (*op. cit.* vol. 2, pág. 216).

Seu pensamento histórico, nasce pois de uma necessidade social e faz parte substancial de seu pensamento filosófico, tão complexo e interessante, componente importante da poderosa tradição filosófica cubana da centúria do século XIX.

Não obstante, nos *Cadernos de Apontamentos,* existem teses importantes acerca do seu pensamento histórico, que mostram vários dos elementos que iriam distinguir seu enfoque da história. Assim, sem chegar a um enfoque teleológico, o futuro do gênero humano é concebido por Martí como a ascensão, desde as sociedades mais egoístas, até as mais altruístas, passando pelas eras da tirania, da independência, da liberdade e uma futura, a da justiça. Sobre elas, adverte: "Já passamos, quiçá, aquelas das primeiras eras da história. Desde 89, o mundo começou a tornar efetiva a terceira, que em princípio e em ansiedade não deixou de entender e sentir nunca. Quem sabe; ninguém ainda pode saber; quando a Quarta, venturosa época irá iluminar e reivindicar!" (*op. cit.,* vol. 21, págs. 75-76).

Com respeito à relação entre Filosofia e História, escrevia neste mesmo texto, estas teses fundamentais:

"Filosofia sem História examinadora e consciente! Como havemos de chegar ao conhecimento da humanidade futura e provável sem o conhecimento exato da humanidade presente e passada? Esta é uma humanidade que se desenvolve em estações e em fases. O que se passa resulta em algo. Para estudar os elementos da sociedade de hoje é necessário estudar de alguma forma os resíduos das sociedades que já viveram. Com juízo sereno, com ânimo desconfiado, com retidão lógica, com habilidade e comparação e fino escrúpulo" (*op. cit.,* vol. 21, pág. 76).

Nesta meditação profunda há que se notar a preocupação axiológica, presente nas condições colocadas para que se efetuem os juízos acerca dos elementos da sociedade, tratando de dotar de terrenas as especulações filosóficas, exigindo ao pensador, profundos conhecimentos históricos. Ao mesmo tempo, mostra suas reservas ante o aporte excessivo que a subjetividade do historiador pode fazer com que ocorra nas obras que vai legando, e alerta:

"Que se analise na narração o caráter daquele que a narra, e para chegar à verdade do narrado, quite-se dele o que lhe dá a natureza e o mais íntimo ponto de vista, específico do narrador. Dois fatos exatamente iguais em si mesmos, nas causas, nos efeitos ou num só que varie, sendo os mesmos, já ficam totalmente diferentes. Paixão pela pátria, caráter do indivíduo, exaltação ou modos do estilo, subtraia-se tudo isso da história para que fique, e ainda assim nos ficará algo parecido com a história crível e verdadeira" (*op. cit.* vol. 21, pág. 76).

A preocupação martiana em preservar a objetividade dos estudos históricos, se manifestou cedo, desde seu abortado intento por historiar a Grande Guerra. Sua primeira carta ao General Gómez, que, parece, nunca chegou às suas mãos, certifica esta intenção e seu afã por beber informação de fontes autorizadas. Ali ele confessa a Gómez: "Escrevo um livro (...) as glórias não devem ser enterradas, o que se deve fazer é mostrar a luz (...) Como algum dia hei de escrever sua história (...) Serei cronista, já que não posso ser soldado" (*op. cit.*, vol. 20, págs. 263-264).

É provável que os juízos e conclusões a que chegou, neste texto perdido, tenha lhe servido de base para seus escritos sobre Céspedes, entre os que se destaca o artigo *Céspedes e Agramonte* (*O Arauto Cubano*. Nova York, 10 de outubro de 1888) e fundamentalmente sua extraordinária *Conferência em Steck Hall* (24-01-1880), onde valorizou de forma crítica a contenda passada e esboçou o que seria a guerra necessária. Esta conferência constitui um modelo inicial do tipo de análise histórico-política que poderá ser posteriormente encontrada em seu ideário, onde a história atuava como pivô da nova doutrina política que preconizava. Entre as principais teses de seu pensamento histórico que se sobressaem neste texto medular, encontram-se:

• A História como escola política.

• Denúncia dos interesses egoístas da oligarquia, por "sua urbana e financeira maneira de pensar".

• Justificativa da revolução cubana como *revolução da reflexão.*

• Definição do povo, "a massa dolorida", como "o verdadeiro chefe das revoluções" (*op. cit.*, vol. 4, págs. 185-194).

A amplitude dos estudos e análises martianos sobre a América, faz com que o investigador Alejandro Sebazco afirme que "A apreensão e exaltação das culturas pré-colombianas, o profundo conhecimento da história da América e sua preocupação em divulgar este conhecimento, fazem de Martí um dos mais autênticos historiadores do nosso continente". Não restam dúvidas acerca do profundo domínio que tinha Martí da história americana, que se iria plasmar, entre outras criações, nos elaborados artigos históricos surgidos em *La Edad de Oro,* sobressaindo-se entre eles: *Três Heróis, O Padre Casas e As Ruínas Índias.*

O mesmo Sebazco, afirmou com acerto que: "Para Martí, historiar é transcender o simples relato dos fatos. Sua significação está radicada em que sua obra dá conformidade, constrói o objeto até o qual se dirige. Neste caso o historiador ou pensador, em sentido geral, ao refletir sobre seu objeto, está contribuindo para sua identificação, para seu desenvolvimento. A história, assim concebida, como contínuo processo de auto-reflexão e constituição da realidade latino-americana, converte o passado em matéria necessária e que não se olha de soslaio no presente, para a construção do futuro" (*op. cit.*, pág. 51).

Até os últimos anos da década de 1870, amadurece em Martí o critério de que a história da América estava em seus albores e que o fruto das revoluções e movimentos sociais do século que terminava não haviam estagnado, e pelo contrário, haviam criado na Europa e na América européia a certeza de que a região seguiria eternamente a seus pés. Por isso, em 1881, confessa a seu amigo venezuelano Fausto Teodoro de Aldrey, que se havia consagrado à *revelação, ao sacudimento e fundação urgente da Nossa América.*

Fiel à sua obsessão pela história de Cuba e da América, os *Cadernos de Apontamentos* da década de 1880 contêm séries de anotações relativas a temas históricos que o ocupavam e serviram de fonte a trabalhos jornalísticos e documentos políticos. Entre outros, se sobressaem os relativos a:

• *Índios,* que abrange passagens e reflexões sobre a história americana, desde os tempos pré-colombianos até as lutas pela independência.

• *A Guerra dos Dez Anos.*

• *A Conquista do México.*

• *Céspedes e seus conflitos com a Câmara.*

• *A capitulação de Zanjón.*

As aproximações martianas com a história, abordam também o próprio fato de historiar e a razão de ser desta ciência. Já na Guatemala (1878), havia definido a filosofia e a história em íntima relação, pois se "Filosofia é o conhecimento das causas dos seres, de suas distinções, de suas analogias e de suas relações, História é o conhecimento da forma com que estas causas se foram desenvolvendo" (*op. cit.*, vol. 19, págs. 359-360).

Em 1881 refletia sobre "o penoso trabalho da mente" e anotava este postulado de grande valor metodológico para o historiador "Não se devem citar fatos isolados, contentamento fácil duma erudição superficial e infrutífera, mas fatos seriais, de conjunto sólido, ligados e maciços" (*op. cit.*, vol. 20, pág. 168) e, pouco tempo depois, insiste na lógica do discurso histórico moderno ao proclamar "Antes mencionavam-se fatos; agora se encadeiam e têm um motivo. Antes se narrava; agora se entrelaça, se funde, se engrenam os acontecimentos e explicam" (*op. cit.*, vol. 19, pág. 365).

O projeto de fundação da república cubana e de Nossa América necessitavam da história para sua concretização, pois "de amar as glórias passadas, tira-se forças para adquirir as novas glórias" (*op. cit.*, vol. 9, pág. 88). Como bem assinala o Roberto Hernández Biosca, "Martí se propôs a utilizar a história como fonte nutritiva da identidade, para que através de seu estudo, o indivíduo se autocorrigisse, se sentisse pertencente ao espaço sociocultural historiado e se decidisse a transformá-lo" (idem, pág. 83).

Ao tratar de generalizar os elementos distintivos do pensamento histórico de José Martí, o pesquisador Alejandro Sebazco, considera: "O método martiano de enfocar os processos históricos pode sintetizar-se nos seguintes princípios:

• A necessidade de um correto e razoável conhecimento do passado para a compreensão e transformação do presente.

• O claro sentido do papel dos indivíduos e das massas populares no futuro histórico.

• A negação de que o desenvolvimento histórico esteja sujeito a condicionamentos raciais ou geográficos.

• A influência dos fatores econômicos no discurso histórico.

• A presença de contradições como fatores de "movimento" da história (1997, pág. 86).

Além disso, destaca outro valor político no pensamento histórico de José Martí, pois "A concepção da história universal vista como processos diferentes e simultâneos possibilita o resgate dos traços essenciais de distintas épocas e culturas. O mito da exclusividade cultural perde dessa maneira seu fundamento (...)" (pág. 52).

Outro pesquisador que fez incursões por essa questão, foi Cintio Vitier, que ao estudar o pensamento pedagógico de José Martí e Simón Bolívar, chegou a criar um *Decálogo Educativo,* donde afloram o nexo entre a história e a educação no projeto martiano. O autor considera, como idéias iniciais, que:

• "O fundamento constante, explícito ou tácito, da educação revolucionária cubana deve estar na história da pátria.

• A história da pátria deve conduzir ao nosso específico e ao humano universal.

• O específico nosso é um modo de pensar, de sentir e trabalhar que dá caráter ao povo e se concentra e se torna universal em seus heróis e criadores máximos " (Vitier, C., 1997, págs. 11-12).

Essas considerações de Vitier, mostram a importante presença do pensamento histórico de Martí em sua filosofia da educação e na vigência permanente destas concepções na escola cubana.

É muito interessante o modo com o qual Martí, grande escritor e poeta, conhecedor das artes, trabalha a história da Arte e da literatura como fator integrante da nacionalidade e da pátria, exaltando figuras como Heredia, Plácido, José Jacinto Milanés e os chamados "Poetas da Guerra".

Como para Martí, "historiar é julgar" (*op. cit,* vol. 4, pág. 399) seus artigos sobre personalidades históricas revelam os aspectos destacados do indivíduo ante a conjuntura histórica de seu tempo e época. Por isso, a partir de Martí pode-se abordar o caráter contraditório, conflitante, de personalidades históricas de destaque, como o foram: Bartolomé de Las Casas, O Libertador Simón Bolívar, o General Paez,

Carlos Manuel de Céspedes, Pai da Pátria em Cuba e o Major-General Ignacio Agramonte. Assim, ao esboçar as diferenças entre ambos os próceres cubanos, adverte: "Virá a história, com suas paixões e justiças; e quando os tiver mordido e dilacerado à sua vontade, ainda sobrará o ímpeto de um e a dignidade do outro, assunto para a epopéia" (*op. cit.*, vol. 4, pág. 358).

Nos anos 1880, Martí chegou a se converter num profundo conhecedor dos Estados Unidos, chegando a ser seus estudos da história daquele país, uma das principais razões de tê-lo conseguido. Dos Estados Unidos, investigou os momentos de formação, a revolução pela independência, as proezas de seus grandes homens, e sobretudo, a história de suas relações com a América Latina. Destas investigações extraiu o sustento para as conclusões científicas, de caráter antiimperialista, que delinearam seu caráter de independência cubano e latino-americano. O próprio Martí outorgou o grau de *lei sociológica geral* à esta sua generalização: "Os povos da América são mais livres e prósperos à medida em que mais se afastam dos Estados Unidos" (*op. cit.*, vol. 19, pág. 365).

Nos anos finais da década de 1880 e início da de 1890, podem ser encontradas provas mais acabadas da interpretação martiana da história em sua função de substrato da política revolucionária e forma de impulsionar a Independência latino-americana: são eles o discurso *Madre América* (1889) e o ensaio *Nuestra América* (1891). No primeiro, revelou, com uma profusão de elementos históricos, a origem das diferenças entre as duas Américas, concluindo com seu conhecido apótema "Do arado nasceu a América do Norte, e a espanhola, do cão de guarda".

O tratamento da história foi muito freqüente em *Pátria*, o jornal de Martí, em seções tão originais como a de *Carac-*

teres, semelhanças de heróis pouco conhecidos de que encarregara o General Serafín Sánchez Valdivia.

Embora Martí não tenha sido um historiador, no sentido tradicional da palavra, de seu pensamento histórico pode-se dizer o que ele havia dito do poeta Walt Whitman: "seu método há de ser grande, porque seu efeito o é". Na sua concepção, a História é fonte nutritiva do presente e do porvir e constituiu parte arraigada do substrato teórico para seu apostolado político, dedicado a preparar os homens para obter a independência e a justiça maior para Cuba, e a segunda, e definitiva independência para "Nossa América".

MARTÍ E A EDUCAÇÃO

Quanto Martí escreveu sobre educação, formava parte de um rico e original pensamento político-educacional que foi se configurando ao longo de mais de vinte e cinco anos, como resultado, em primeiro lugar, de um esforço de síntese de superação do que havia de melhor do pensamento pedagógico universal, latino-americano e cubano do século XIX, principalmente de Bolívar e de Hostos, de Félix Varela, José de La Luz y Caballero, José Agustín Caballero, Rafael María de Mendive, entre outros; em segundo lugar, da experiência didática acumulada durante mais de duas décadas como professor e catedrático universitário; e em terceiro lugar, das comprovações práticas que teve tempo de fazer da realidade concreta nos países que conheceu.

O tema da educação foi recorrente em sua obra, sobretudo, entre 1875 e 1895. No entanto, não escreveu nenhuma obra profunda e específica sobre pedagogia ou sobre educação. Suas brilhantes idéias foram aparecendo, de maneira não sistemática e muitas vezes dispersa, em meio a seu agitado e prolífero labor como político e jornalista correspondente de umas trinta revistas e jornais dos Estados Unidos e da América Latina, nos quais colaborou, e também em seus inúmeros discursos e em seu amplo epistolário.

Tinha apenas vinte e dois anos, quando deu a conhecer seus primeiros trabalhos pedagógicos e educativos na revista *Universal* do México, os quais passariam a ser mais freqüentes logo que estabeleceu definitivamente nos Estados Unidos. A partir de 1882, os jornais *La Nación* de Buenos Aires; *La América, El Porvenir* e *El Economista Americano* de Nova York, *La Opinión Nacional* de Caracas, *El Partido Liberal* do

México, *La Opinión Pública* do Uruguai, e *Pátria,* do Partido Revolucionário Cubano, converteram-se em porta-vozes de suas críticas ao sistema educativo da época e de suas propostas para reformá-lo.

Outros tantos textos martianos contêm amplos e profundos julgamentos e considerações sobre a educação. Estão entre eles por exemplo, as cartas escritas à menina María Mantilla, especialmente a que enviara do Cabo Haitiano no dia 9 de abril de 1895, e os quatro números da Revista *La Edad de Oro,* publicação dedicada às crianças e editada entre julho e outubro de 1889.

Durante sua prolongada residência de quinze anos nos Estados Unidos, especificamente em Nova York, firmaram-se em Martí idéias de progresso pedagógico e escolar. Deste período, são suas mais claras advertências nos escritos para países de língua espanhola, comparando o atraso de seus sistemas docentes com o progresso dinâmico e em consonância com o tempo, dos países de espírito renovador. Escreveu sobre quase todos os temas fundamentais relacionados à educação, tais como: conceito e caráter da educação, a escola e o professor, a educação em relação à época, a educação popular e camponesa, o ensino secundário e o universitário, a educação da mulher e a dos trabalhadores, a educação física e moral, educação de caráter autóctone, idéias de didática particular e concreta, literatura infantil, etc.

Sobre as críticas à educação burguesa e ao sistema educacional de sua época, destaca-se o artigo que escreveu para o jornal *La Nación,* de Buenos Aires, em setembro de 1886 e que fora publicado no dia 14 de novembro do mesmo ano sob o título *Nova York no outono.* Depois de se referir no texto à polêmica que então existia a respeito da necessidade de uma reforma no ensino, brinda com uma análise profunda e interessante dos problemas educacionais por que passa o sistema educacional nos Estados Unidos, mais especificamente, Nova York. Começa salientando de forma objetiva que os males da educação neste país não são outra coisa senão a conseqüência do sistema social que impera e conclui em sua conclusão, que um sistema concebido desta maneira, somente será capaz de formar indivíduos egoístas, incapazes de criar, raciocinar e atuar de forma independente.

Isto fez dele um dos primeiros pensadores da América que percebeu o mal que começava a se apoderar e corroer a alma pública da nação norte-americana: o do formalismo e da hipocrisia. A respeito comenta:

"(...) Aqui olha-se a vida, não como uma participação discreta entre as necessidades que tendem a rebaixá-la e as aspirações que a elevam, senão como uma ordem de gozo, como uma boca aberta, como um jogo de azar, onde só triunfa o rico.

Os homens não param para se consolar e ajudar. Ninguém ajuda ninguém. Ninguém espera nada de ninguém.

Todos andam se acotovelando, se maldizendo, abrindo espaço a cotoveladas e mordidas, com a meta precípua de chegar primeiro.

Somente nuns quantos espíritos elevados, subsiste como uma pomba numa ruína, o entusiasmo.

Não é malevolência não, senão verdade penosa, que aqui, nem sequer nas crianças se nota um desejo maior só de satisfazer seus apetites, e vencer aos demais ao invés de gozá-los" (*op. cit.,* vol. 11, págs. 80-86).

Martí compreendia muito bem a esta altura que a realidade educacional de cada nação estava intimamente ligada a seu desenvolvimento econômico e social, e que as reformas educacionais só eram "fecundas quando penetram no espírito das populações; e deslizam por sobre elas, como a areia seca sobre as rochas inclinadas, quando a rudez, sensualidade ou egoísmo da alma pública resistem ao influxo de melhora das práticas que somente acatam em forma e nome" (ibidem).

Por outro lado, manifesta-se contrário à educação manual ou industrial de forma exclusiva, posto que a considera em detrimento da educação integral. Analisa também o desequilíbrio existente entre as inúmeras escolas que mostram edifícios suntuosos, mas têm em seu interior, condições precárias; condena o emprego de castigos corporais e aponta como um dos males mais graves das escolas de Nova York, a falta de espírito amoroso no corpo de professores; critica como ano após ano, caem nas ruas milhares de crianças sem acesso a essas instituições escolares e se questiona sobre os métodos de memorização empregados que lastreiam o desenvolvimento das capacidades intelectuais do educando, bem como a instrução meramente verbal e representativa, totalmente desvinculada dos valores reais da vida.

"E assim, com uma instrução meramente verbal e representativa, poderá afrontar-se a existência, a existência deste povo ativo e egoísta que é todo um fato e um feito?

...Este sistema há de se revolver desde a raiz ... O remédio está em mudar de maneira drástica a instrução primária, de retórica em científica, de ensinar à criança, ao invés do abecedário das palavras, o abecedário da Natureza; partir dela, ou dispor de que a criança derive daí, esse orgulho de ser homem e essa constante e sã impressão de majestade e eternidade que vêm, como das flores o aroma, do conhecimento dos agentes e funções do mundo... Homens vivos, homens diretos, homens independentes, homens amantes: isso hão de fazer as escolas que agora não o fazem" (ibidem).

Ante a ausência de métodos experimentais critica também a desvinculação existente entre a teoria e a prática. E junto à merecida crítica, Martí faz uma das substanciais contribuições à teoria da educação latino-americana com sua formulação do princípio do vínculo do estudo com o trabalho. Sua concepção duma educação científica o levaram a perceber a necessidade duma aproximação efetiva entre a teoria e a prática. Em setembro de 1883, já havia duramente combatido o escolasticismo com as seguintes palavras:

"Divorciar o homem da terra é um atentado monstruoso. E é meramente escolástico esse divórcio: às aves, asas; aos peixes, aletas; aos homens que vivem na natureza, o conhecimento da Natureza; essas são suas asas. E o único meio de colocá-las é fazer com que o elemento científico seja como a ossatura do sistema de educação pública. Que a educação científica caminhe, como a seiva nas árvores, da raiz ao topo da educação pública. Que o ensino elementar seja elementarmente científico (*op. cit.*, vol. 12, pág. 376).

Em novembro do mesmo ano, no artigo para *La América,* oferece um estudo sobre as escolas de artes e ofícios da Nicarágua, Guatemala, Uruguai e Chile, no qual aponta que era preciso preparar homens com mentalidade de produtores e não de consumidores, com as seguintes palavras: "Que cada homem aprenda a fazer algo de que necessitam os demais". E em fevereiro do ano seguinte insistia uma vez mais no mesmo assunto em *Trabalho manual nas escolas,* dado a conhecer no próprio jornal *La América:*

"Vantagens físicas, mentais e morais, vêm do trabalho manual... O homem cresce com o trabalho que sai de suas mãos. É fácil ver como depaupera e se torna vil em poucas gerações, a gente ociosa até que se tornem meras bolhas de barro, com extremidades finas, que se cobrem de perfumes suaves e dão muita importância a si mesmas; enquanto que aquele que deve seu bem-estar a seu trabalho, ou que ocupou sua vida em criar e transformar forças e em empregar as próprias, tem um olhar alegre, sua fala é pitoresca e profunda, os ombros são largos, a mão segura. Vê-se que são esses os que fazem o mundo" (*op. cit.*, vol. 8, págs. 285-288).

Martí era da opinião que o trabalho agrícola ajudava a manter viva a mente do aluno e formava o hábito saudável de desejar, examinar e pôr em prática tudo o que era novo. Segundo ele, nas escolas, na parte da tarde, os estudantes deviam aprender o domínio dos conhecimentos e das técnicas necessárias para enfrentar a vida, porém na mesma manhã, deviam trabalhar na agricultura ou desempenhar algum tipo de serviço manual nas oficinas.

"Não se deveria chamar escola, mas oficinas. E a pena deveria ser manuseada à tarde nas escolas; porém de manhã, a azáfama" (*op. cit.*, vol. 13, pág. 53).

"Do trabalho contínuo e numeroso, nasce a única alegria porque é o sal das demais venturas, sem o que, todas as demais cansam ou não aparecem; nem tem a liberdade de todos, mais do que uma raiz, e é o trabalho de todos" (*op. cit.*, vol. 12, págs. 433-434).

Em *Trabalho manual...,* elogiava o currículo de algumas escolas agrícolas nos Estados Unidos, como a North Carolina, que ensinavam a seus alunos a análise dos adubos, dos minerais, das águas minerais, das águas potáveis, o poder germinador das sementes, a ação das diversas substâncias químicas nelas, e a dos insetos sobre as plantas, a melhora dos grãos e tubérculos alimentícios, a aplicação dos melhores métodos de preparar o terreno, semear e colher, etc.

Sobre o ensino científico, insistiu em muitos outros de seus trabalhos. Algumas citações anteriores já fazem alusão a isso. Além disso defendia a substituição do espírito literário pelo científico e afirmava que era preciso levantar a bandeira do ensino primário com caráter científico, sem que isso implicasse no abandono dos elementos espirituais.

"Como quem retira do revês a bainha da espada, há de se mudar como um todo o sistema transitório e vacilante da educação moderna. Não haverá mais crescimento verdadeiro para povo algum, até que esse ensino elementar seja científico" (*op. cit.*, vol. 9, págs. 445-446).

....

Posto que se vive, justo é que onde se ensine, se ensine a conhecer a vida. Nas escolas há de se aprender a cozinhar o pão de que se há de viver em seguida. É bom saber Homero de cor; e quem nem Homero, nem Ésquilo, nem a Bíblia leu, nem leu Shakespeare, – se é homem não pensa, nem viu todo o sol, nem viu soltar-se de sua espada toda a lâmina. Porém, isso os homens hão de aprender por si, porque se ensina e se enamora, não se fará mestre para as artes e para a formosura.

....

Porém, posto que da terra brotam forças, – mais que rimas, e historietas que parecem ser patifarias, e às vezes sem sentido, e montes de fatos sem encadeamento visível e sem causa, – urge estudar as forças da terra. Que se leia, quando o sol está mais forte, a Bíblia; e quando o sol abranda, que se aprenda a semear raízes de uvas como aquelas de Canaã, que com seu peso reduziam os homens a nada" (*op. cit.*, vol. 9, págs. 445-446).

Insistia para que a educação científica estivesse presente em todos os níveis de ensino até a universidade. Dizia: "(...) casas da razão, onde com uma forma judiciosa de guiar, se ensinasse à criança a desenvolver seu próprio pensamento" (*op. cit.*, vol. 11, pág. 81).

Em seu artigo sobre os mestres ambulantes, publicado em maio de 1884, referia-se à necessidade de substituir, tanto nos campos como nas cidades, o conhecimento indireto e fecundo da natureza. "Perde-se o tempo no ensino elementar literário, criando-se um povo de aspirações perniciosas e vazias. A implantação do ensino científico elementar é tão indispensável quanto a luz do sol" (*op. cit.*, vol. 8, pág. 273).

De igual forma, Martí criticou o estado lamentável em que se desenvolvia a educação na América Latina. Parecia-lhe um absurdo que nações com economias eminentemente agrícolas e com populações predominantemente rurais, tivessem uma educação com um caráter exclusivo para a vida urbana. "Está se cometendo no sistema de educação na América Latina, um erro gravíssimo: a povos que vivem quase que exclusivamente de produtos do campo, educa-se exclusivamente aos homens para a vida urbana, e não se os prepara para a vida camponesa" (*op. cit.*, vol. 8, pág. 18).

Na crônica que publicou em maio de 1884 no jornal *La América,* o tema anterior é abordado com clareza e precisão. Nele, se questiona do mesmo modo o tipo de ensino pseudoliterário que as escolas ofereciam, quando o certo devia ser um ensino da agricultura nas escolas teórico-práticas, quer dizer, em "(...) estações de cultivo; onde não se descrevam as partes do arado a não ser diante dele, manejando-o; e não se explique em fórmula sobre a piçarra, a composição dos terrenos, senão frente a cortes na própria terra (...)" (*op. cit.*, vol. 11, pág. 82).

Preocupado com a autoctonia das nações latino-americanas, Martí se lamentava por aqueles países que haviam concebido seus sistemas educacionais com os olhos voltados nos padrões ou modelos dos sistemas europeus ou norte-americanos, sem levar em conta as grandes diferenças econômicas e sociais existentes entre ambas as realidades; que haviam privilegiado a educação universitária quando suas necessidades e urgências eram muito distintas das nações desenvolvidas, das quais importavam ditos modelos, e que consideravam correto enviar seus filhos ainda pequenos para estudar e formar em outras terras, sem se importar com o risco que corriam de perder sua identidade cultural. Dizia:

"...não parece natural que se tire aos jovens de nossas terras da América, de sob a asa paterna, para percorrer ruas, deixar de amar a pátria e habituar-se a viver sem ela na alheia, que não os ama nem os recebe como filhos. Por que na terra nova americana, se há de viver a velha vida européia?" (*op. cit.*, vol. 6, pág. 227).

Mais de uma vez, Martí voltou ao mesmo tema das crianças, dos adolescentes e jovens que adquiriam sua formação fora da pátria, o que demonstra a preocupação que isto despertava nele. Tinha consciência que isto era danoso tanto para as nações pobres, como para seus filhos. Em "O colégio de Tomás Estrada Palma...", texto publicado em *Pátria,* a 2 de julho de 1892, apontava:

"É grande o perigo de educar as crianças fora, pois é somente do pai a contínua ternura com que se há de ir regando a flor juvenil, e aquela constante mescla de autoridade e carinho, que não são eficazes, pela mesma justiça e arrogância de nossa natureza, a não ser quando ambas vêem da mesma pessoa. É grande o perigo, porque não se hão de criar laranjas para plantá-las na Noruega, nem maçãs para que dêem frutos no Equador, mas que à árvore deportada se conserve ao controle nativo, para que ao voltar a seu rincão possa deitar raízes" (*op. cit.*, vol. 5, págs. 259-264).

Posto que para ele "pátria era humanidade", sua visão de autoctonia não era contrária à idéia de incorporar de forma crítica as experiências inovadoras, não importa de onde viessem, ao contexto de nossas nações sempre que não se perdesse a essência de ser latino-americano. Porém, era preciso que a educação estivesse orientada para resolver seus problemas com planos e métodos próprios, inserindo-se no concerto das outras nações sem perder de vista os valores nacionais, tanto humanos quanto os da natureza e cultura. Em tal sentido dizia:

"A História da América, dos incas até aqui, há de ser ensinada a dedo, embora não se ensine a dos arcontes da Grécia. Nossa Grécia é preferível à Grécia que não é nossa. Insira-se em nossas repúblicas o mundo; porém o tronco há de ser o de nossas repúblicas" (*op. cit.*, vol. 6, pág. 18).

O mesmo queria Martí para seus irmãos da maior das Antilhas, somente que a educação "sem uma visão ianque ou francesa" só seria possível quando existisse um prévio desenvolvimento da cultura da pátria, e os cubanos nem sequer tinham pátria.

Martí estava totalmente consciente também, de que não haveria educação latino-americana, que é expressão de suas necessidades, sonhos e projetos, enquanto não houvesse América Latina.

Ao mesmo tempo que criticava a educação tradicional predominante no mundo, mostrando às nações seus defeitos e os perigos que se corre quando se imita sem um juízo, ia sugerindo as soluções que lhe pareciam melhores para resolver os problemas, a partir de sua concepção da educação como um fenômeno social integral, que busca por todos os meios possíveis *preparar o homem para a vida* com uma formação multifacetada, que o torna mais livre e crítico, e dota-o de qualidades morais elevadas, de sentimentos patrióticos e de um pensamento humanista, científico, judicioso, original e criativo.

Por isso passou a definir a educação da seguinte maneira: "Educar é depositar em cada homem toda a obra humana que o antecedeu; é fazer de cada homem, um resumo do mundo vivente, até o dia em que vive; é colocá-lo ao nível de seu tempo, para que flutue nele, e não deixá-lo debaixo do seu tempo, com o que não poderá fazer à própria vontade; é preparar o homem para a vida" (*op. cit.,* vol. 8, pág. 281).

Segundo Martí, uma educação com essas caracterís-ticas, exigia de um sistema capaz de abarcar o ato educativo em todas as suas manifestações e possibilidades: educação escolarizada (como um sistema geral), educação informal de caráter funcional (para as zona rurais e para os operários) e educação à distância ou indireta (para toda a sociedade) e que além de tudo fosse integral, universal, gratuita, estatal, obrigatória, leiga, ao nível de seu tempo, objetiva, científica, desenvolvida e prática.

Martí pensou como deveria ser tanto o ensino escolar como o informal, desde o ensino primário até o universitário, assim como o papel social que cabia à escola e ao professor, sem se esquecer da necessidade de propiciar educação à mulher e aos trabalhadores, de vincular o estudo ao trabalho, da formação de um homem multifacetado, da urgência de mestres ambulantes para ensinar no campo, etc.

Considerava que a escola pública devia ser provida de um plano de estudos bem estruturado e balanceado em sentido linear, desde a educação pré-escolar até a superior. Não poderia haver um divórcio entre os diferentes subsistemas do sistema educacional, pois que o êxito iria depender do caráter sistemático da educação. "Não frutifica a educação se não for contínua e constante" (*op. cit.*, vol. 6, pág. 260).

A escola, principalmente a primária, tinha para ele uma função social importante na formação do indivíduo e no progresso da humanidade. Dizia "o homem terá a colheita a partir de difundir escolas".... "Uma escola é uma fornalha de espíritos. Ai dos povos sem escolas! Ai dos espíritos sem templo!" (*op. cit.*, vol. 7, pág. 154). Responsabilizava aos governos com o dever de propagar por toda a nação uma instrução primária com caráter democrático, isto é, que não excluísse ao índio, ao negro, ao mestiço, à mulher, ao pobre, ao rico, ao camponês, ao operário, ao cidadão.

Em 1875 fez publicar sua concepção sobre o papel da escola primária numa crônica escrita para a Revista Universal do México ao reconhecer que elogiava as palavras expressas pelo presidente asteca, Lerdo Tejada, na inauguração de uma escola: "Resumiu o Presidente as vantagens da instrução primária: disse com razão que propagá-la é dever essencial nos governos; observou que o ensino secundário pudesse ser tão atendido como aquele, mas que sem o primário, base de homens, não pode aspirar o país a se orgulhar de seus filhos" (*op. cit.,* vol. 6, pág. 303).

Martí opinou também a respeito do ensino secundário e do universitário. Suas críticas atacam com veemência o espírito tradicionalista desses níveis na América espanhola, da mesma forma que reconheceu a tendência contrária que começava a se originar nos Estados Unidos, e que ia na mesma direção com sua concepção realista, vital e democrática da educação. A tendência tradicionalista insistia na especialização e na ênfase teórica, além do estudo do latim e do grego. A posição contrária concebe o ensino secundário não como para uma só classe, mas com o desígnio de que chegue, como a primária, até se fazer geral e obrigatório para todo cidadão.

Segundo a opinião martiana, a educação secundária devia manter seu propósito formativo, geral, frente às necessidades, aos conhecimentos e às técnicas que devem constituir a base de todo cidadão, de todo homem de sua própria época. No jornal La América, aponta em 1884:

"Pois ensinar aos homens que hão de viver nesses tempos – línguas, sentimentos, paixões, deveres, preocupações, cultos alheios e nutri-los de madrigais e epopéias idas e de melindres cortesãos, – são torpeza e delito menores do que lutar com um escudo de couro retorcido, casco poderoso a soldados que hão de combater com outros precedidos de máquinas barulhentas, armados de rifle e cartucheira, – com seu armazenamento de tiros saindo do gatilho, do que acabou de ser fabricado, – ou do sabre afiado de Dolingen? [...] o homem tem que tirar de si mesmo o meio de vida. A educação pois, não é mais do que isto: a habilitação dos homens para obter com desafogo e honradez os meios de vida indispensáveis no momento em que ocorrem, sem por isso rebaixar as aspirações delicadas, superiores e espirituais do melhor que existe no humano" (Herminio Almendros, In: *José Martí. Ideário Pedagógico,* págs. XVII-XVIII).

Referiu-se uma vez mais ao papel que o tocava desempenhar na universidade. Em seu famoso artigo "Nuestra América", publicado no *El Partido Liberal,* México, 30 de janeiro de 1891, oferece valiosos indicativos sobre o que ele considerava como algumas das responsabilidades fundamentais que devia cumprir a universidade hispano-americana: 1) preparar a seus governantes ensinando-os os rudimentos da arte de governar, que é a análise dos elementos peculiares dos povos da América; 2) premiar em certames, não aos que têm a melhor nota, mas a aqueles que melhor conhecem os fatores do país em que se vive.

"Saem os jovens a adivinhar do mundo, com óculos ianques ou franceses, e aspiram dirigir um povo a que não conhecem. Na carreira política, deveria ser negada a entrada aos que desconhecem os rudimentos da política... no jornal, na cátedra, na academia, deve ser levado adiante o estudo dos reais fatores do país..." (*op. cit.*, vol. 6, págs. 17-18).

Acrescentava, que à escola, em geral, cabia a responsabilidade de preparar homens capazes, úteis, criadores dentro das condições do meio, em que os correspondia atuar. Para isso, era preciso que se priorizasse antes de mais nada o tipo de aprendizado dentro do processo docente-educativo, de forma que a escola, superando as barreiras do ensino decorativo e formal, fosse capaz de desenvolver na criança a capacidade de pensar, criar, exercitar a mente, trabalhar e viver de forma independente. " (...) não há melhor sistema educativo que aquele que prepara a criança para aprender por si. Assegure-se a cada homem o exercício de si próprio" (*op. cit.*, vol. 8, pág. 421).

Em seu modo de ver, a escola devia adquirir também um ritmo dinâmico de mudança, para seguir e se adaptar ao ritmo de vida que a rodeia, ao estilo de vida da época. À escola cabia a responsabilidade de superar seu caráter estático e tradicionalista. Na etapa que Martí viveu e escreveu, já começava a se sentir essa dramática necessidade de adaptação do indivíduo às novas condições de vida.

"A educação tem um dever incontestável para com o homem, – não cumpri-lo é crime: dar-lhe de conformidade com seu tempo, sem lhe desviar da tendência humana grandiosa e final. Que o homem viva de conformidade com o universo, e com sua época ...ao novo corresponde a nova Universidade. Novas ciências que tudo abarcam, reformam e penetram, novas cátedras. É um crime o divórcio entre a educação que se recebe numa época e a própria época.

....

Oh, se essas nossas inteligências fossem postas ao nível de seu tempo; se não fossem educadas para se apresentar engalanadas em audiência aos governadores; se não as deixasse, em seu anelo de saber, nutrir-se de vaga e galvânica literatura de povos estrangeiros meio mortos; se se fizesse o consórcio venturoso da inteligência que se há de aplicar a um país e o país ao que se há de aplicar; se se preparasse aos sul-americanos, não para viver na França, quando não são franceses, nem nos Estados Unidos, que é a mais fecunda dessas más modas, quando não são norte-americanos, nem nos tempos coloniais quando já estão vivendo fora da colônia, competindo com povos ativos, criadores, vivos, livres, senão para viver na América do Sul!... Mata a seu filho na América do Sul aquele que lhe dá uma mera educação universitária" (H. Almendros, *op. cit.*, págs. XVII-XVIII).

"A universidade tem que ceder à Universidade americana (...) (*op. cit.*, vol. 6, pág. 18).

Mas a escola concebida por Martí, não tinha apenas a missão de instruir ao homem do futuro. Ela era responsável também pela tarefa de educá-lo. "(...) o remédio está em desenvolver ao mesmo tempo a inteligência da criança e suas qualidades de amor e paixão..." (*op. cit.*, vol. 6, pág. 16). Para ele, educação e instrução eram categorias dialeticamente inter-relacionadas dentro do processo pedagógico. A instrução referia-se ao pensamento, enquanto que a educação aos sentimentos. Por isso a escola devia também orientar e dirigir a formação de princípios e valores éticos, estéticos, morais e patrióticos que iriam preparar o homem para viver em uma sociedade mais justa e mais humana. Em sua primeira tese da *Educação Popular* disse:

"Instrução não é o mesmo que educação: aquela se refere ao pensamento, e esta, principalmente aos sentimentos. No entanto, não há boa educação sem instrução. As qualidades morais ascendem quando realizadas por qualidades inteligentes" (*op. cit.*, vol. 19, pág. 375).

Um projeto educativo de tal magnitude precisava de professores altamente qualificados e amorosos por seu trabalho. Martí dizia: "Quem diz educar, diz querer", "ensinar é o que há de mais belo e honroso no mundo", "o ensino, quem não o sabe?, é antes de mais nada uma obra de infinito amor". Ele mesmo foi professor em vários níveis de ensino e afirmava ser urgente abrir escolas normais para mestres, de forma que fosse possível cobrir os campos de escolas. E onde não existiam condições para abri-las, que se mandassem mestres ambulantes revelando aos camponeses sua própria natureza e para lhes oferecer, com o conhecimento da ciência simples e prática, a independência pessoal, que fortalece a bondade e fomenta o decoro. Professores, levem "não somente explicações agrícolas e instrumentos mecânicos, mas também ternura, que faz tanta falta e tão bem aos homens" (*op. cit.*, vol. 8, pág. 272).

Não seriam pedagogos, afirmava Martí, senão comunicadores. Não seriam enviados mestres, senão pessoas instruídas que iriam respondendo a dúvidas, abrindo o apetite do saber, evitando erros, ensinando o que os camponeses não sabem, falando de modo simples como cultivar uma planta ou sobre o funcionamento de uma máquina, falando sobre fontes de riqueza ainda não explorada, dando explicações de maneira pragmática. A escola ambulante, é a única que pode remediar a ignorância camponesa.

Martí deixou também páginas dedicadas à educação da mulher e dos trabalhadores. Suas idéias sobre a formação da mulher, foram avançadas para a época. Entendia que o sexo feminino merecia receber a mesma educação que recebiam os homens, pois ambos são dotados de capacidade mental similar: *"...não existe diferença alguma na capacidade intelectual das crianças dum e doutro sexo, submetidas à mesma educação e sistema, às mesmas influências externas. De forma igual e com estrita justiça, deve-se repartir os prêmios do colégio entre meninos e meninas, e quando houver excesso duma parte, terá sido em favor das meninas..."* (*op. cit.*, vol. 23, págs. 270-271).

A mulher, afirmava ele, tinha uma responsabilidade social muito grande por seu protagonismo no seio do núcleo familiar, considerado como a primeira escola do homem. Dizia: "se a educação nos homens é a futura forma dos povos, a educação da mulher garante e prenuncia os homens que dela hão de surgir" (*op. cit.*, vol. 6, pág. 201).

Na *Carta de Nova York,* publicada no jornal *La Opinión Nacional,* de Caracas, a 11 de abril de 1882, declara haver-se comprazido com o esforço que então vinha ocorrendo nos Estados Unidos por dar à mulher o direito de fazer carreiras universitárias e desempenhar cargos, antes somente reservados aos homens. Cita exemplo de mulheres advogadas, diretoras de jornais famosos e outros cargos administrativos de relativa importância. Não compartilha com a opinião de mestres e observadores que consideram correta a "fraqueza da mente feminina em levar em si de modo profundo coisas de arte, leis e ciências" (*op. cit.*, vol. 9, págs. 287-290), e traz à tona o caso da Inglaterra, onde uma terça parte dos alunos das faculdades da universidade de Londres são do sexo feminino.

"Note-se nesta terra nova (Estados Unidos), grande empenho em dar à mulher meios honestos e amplos em sua existência, que venham de seu próprio trabalho, o qual lhe irá assegurar o ganho, porque enaltecendo sua mente com sólidos estudos, viverá ao lado do homem como companheira e não a seus pés como um bonito brinquedo, e porque sendo auto-suficiente, não terá pressa se apossar do que passar, como uma hera no muro, mas irá escolher e conhecer, irá desdenhar ao ruim e enganoso, e ficará com o honrado e sincero" (*op. cit.*, vol. 9, pág. 287).

A carta que escreveu à pequena María Mantilla do Cabo do Haiti, a 9 de abril de 1895, é um concentrado de idéias brilhantes sobre a educação feminina. Considerava que a mulher devia estudar e se preparar para a vida, a fim de ser igual aos homens, conquistar o amor dos bons e o respeito dos maus, evitar se ver ante a necessidade de vender seu corpo por comida e roupas, e de estar em condições de bem escolher seu companheiro sem ser premida por pressões econômicas ou enganosas.

Para os trabalhadores, aqueles homens e mulheres que tinham *"a mesa de trabalho junto à mesa de pensar"*, queria também uma educação que desenvolvesse todas as suas capacidades intelectuais, práticas, artísticas, culturais e patrióticas. Por isso dedicou parte de seu escasso tempo para fundar a Liga de Nova York e de Tampa, concebidas como casas de estudo e recreio, a dar aulas de espanhol e literatura para os operários. Afirmava ele:

"A melhor forma de defender nossos direitos, é conhecê-los bem; assim se tem fé e força: toda nação será infeliz enquanto não educar seus filhos. Um povo constituído de homens educados, será sempre um povo de homens livres" (*op. cit.*, vol. 19, págs. 375-376).

Sobre a Liga de Nova York, afirmou em "Formosa noite da Liga", artigo publicado em *Pátria,* Nova York, 4 de novembro de 1893: "A Liga de Nova York é uma casa de .educação e carinho, embora quem diga educar já esteja dizendo querer. Na Liga se reúnem, depois da faina do trabalho, os que sabem que só há verdadeira felicidade na amizade e na cultura... com os cotovelos naquela mesa, se afirma o amor e se afirma mais o livro... a ler e escrever aprendem uns, outros a estudar e corrigir os ensaios, de braços dados no mais profundo do coração humano, e buscam, à luz do juízo e para o bem do país, o oculto e verdadeiro que apenas se entrevê nas páginas da história. Não é uma casa de crentes profissionais, nem de rebeldes por ofício, mas onde se vai com modéstia, e donde se sai com a verdade..." (*op. cit.*, vol. 5, págs. 267-270).

Na escola da Liga, os operários tinham aulas de letras, aritmética, enciclopédia, ortografia, história e geografia dos povos, artes sociais, inglês, etc., além de espaços para escutar "boa música, ler poesia da alma, e praticar a conversação" (*op. cit.*, vol. 5, pág. 269).

Devemos afirmar também que Martí, acima de qualquer outra condição, foi um homem com um objetivo supremo em sua vida, cedo e claramente definido: obter a verdadeira independência de Cuba e consolidar o restante da América Latina. Esta missão consumia todo o seu tempo, todas as suas energias e todos os seus pensamentos. Dessa forma, as idéias que desenvolveu sobre a educação, devem ser vistas, porque assim se deram na prática, intimamente condicionadas e vinculadas a tal projeto político-revolucionário.

Isto explica, em primeiro lugar, as poucas horas que teve para a elaboração de trabalhos propriamente pedagógicos, e portanto a ausência de um sistema teórico e prático de ensino; em segundo lugar, que seu principal veículo de comunicação fosse o jornal, de circulação mais rápida e popular e não os livros, lidos somente por uns poucos intelectuais. Esse premente, esse contorcionismo, este salto nervoso de um título ao outro, este ganhar o pão de cada dia, implícitos em cada um dos textos, matizam suas referências como um patético forcejar entre o apaixonado elogio e a "nobre força de rechaçar"; em terceiro lugar, explica também, os problemas educacionais que mais o preocuparam, bem como a seleção daqueles aos quais concedera importância fundamental e aos que retornava de forma reiterada e incisiva em seus artigos; em quarto lugar, a forma como aborda tais problemas e as soluções que propõe para os resolver. O objeto é o mesmo, mas o enfoque que dá aos problemas, difere muito entre o político e o pedagogo. Martí, repetimos, era um político, e um político que sabia o suficiente sobre educação e sobre política para tratar com magistral originalidade e sabedoria, tanto em conceitos e critérios, das dificuldades por que atravessava a educação de sua época e das mudanças de que precisava para que ocorresse o que tinha que ser, em função de uma América Nova, "Nossa América", como ele chamou, aquela que estava situada entre o rio Bravo e a Patagônia.

MARTÍ E A RELIGIÃO

Martí se referiu em seus trabalhos, cartas e discursos a quase todas as idéias religiosas, principalmente ao cristianismo em seus dois grandes ramos e instituições, catolicismo e protestantismo, e às suas formas e agrupamentos eclesiásticos. Muitas foram suas críticas, censuras e culpas apontadas.

Como em quase todos os demais temas, quando se trata de religião, é difícil descobrir em Martí uma única linha de pensamento. Seu enfoque e suas conclusões são sempre variáveis e desiguais, e às vezes desconcertantes, pois vibram distintos matizes e principalmente diversos estados de ânimo. Não há forma de submetê-lo à uma cronologia, à uma periodização.

Rafael Cepeda, em quem basicamente nos apoiamos para escrever este capítulo, assinala: "Não seria nunca possível falar sobre uma evolução de Martí no trato da questão religiosa, nem de um sincretismo. Eu antes chamaria de estratismo, como capas sobrepostas que assomam no corte transversal duma rocha: cada juízo, cada idéia, por si, em sua própria categoria e em seu momento de vivência" (*O ético-cristão na obra de José Martí*, pág. 11).

Existe uma certa desordem inerente em Martí na abordagem do tema religioso. Os assuntos que aborda estão constantemente sujeitos a mudanças e reposições. Talvez se tivesse tido tempo de escrever livros, poderia ser descoberta uma determinada plataforma religiosa.

Queremos nos referir aqui às concepções que Martí desenvolveu sobre a religião, especificamente sobre o catolicismo e o protestantismo, e finalmente, algumas de suas mais cruciais idéias relacionadas a um novo tipo de religião e de Igreja que concebeu.

O catolicismo

Martí viveu e recebeu instrução religiosa num ambiente de forte catolicismo durante sua infância e adolescência, pelo menos até os quinze anos. Esta experiência permaneceu nele e se refletiu em seu amplo e profundo panorama existencial e em seus escritos.

Nos países em que Martí esteve inicialmente, durante sua juventude (Espanha, México, Guatemala e Venezuela), teve a oportunidade de observar de forma crítica o desenvolvimento e a prática do catolicismo como religião majoritária e autoritária. No México, escreveu para a *Revista Universal,* a 8 de junho de 1875 as seguintes linhas:

"A religião católica tem duas fases onde cada qual merece uma particular consideração. É doutrina religiosa, e é forma de governo; se aquela é errônea, não é necessário combatê-la; quando o erro não é sustentado pela força da ignorância dominante, o erro por si só se desfaz e some: existe no ser humano uma invisível e extraordinária força de segredos, um bom sentido e razão, e sim, a religião católica desconfia de sua força, apesar de sua origem sobrenatural; sim, apesar de ser divina, tem medo dos homens; para dar ao homem a consciência de si mesmo, quer tirar dele os meios de consciência: se a religião da doçura se converte na cortesã da ambição e da força, este ser que nos quer despossuir se levanta ferido; este ser que tem livre o pensamento não quer que se faça hipócrita sua vontade; o conceito humano se rebela; a força comum se alça contra a força tirânica; a paz de todos contra a insaciável ambição de alguns; e a religião da liberdade comum e o racional arbítrio próprio, contra a dominação absorvente e a fiscalização e o encadeamento da consciência" (*op. cit.,* vol. 6, pág. 226).

Vários anos depois, quando escreve sobre a educação na Colômbia, mantém esse mesmo pensamento:

"... se se disser que a educação das escolas normais é corrupta porque não é católica, dizemos que católica é a educação das classes altas européias, que com raras exceções, vivem num espantoso desconcerto do espírito...

Não se tem o direito de ensinar nas escolas, nem a religião católica, nem uma que seja anticatólica; ou não é a honra virtude que conte entre as religiosas, ou a educação deverá ser bastante religiosa para que seja honrada. Isso sim, honrada de forma impecável. Nem é lícito a um mestre ensinar como única e certa, embora a compartilhe, uma religião que a maior parte do país coloque em dúvida, nem ofender uma religião que o educando acate, em livre uso de seu juízo, o que é um direito seu. Ou a religião católica está tão vazia, que com o estudo da Natureza e o ensino das virtudes humanas, venha abaixo? Ou está, acaso, contra essas virtudes, que a elas teme? Ou ocorre que por ser doutrina divina, e portanto eterna, como afirmam os que a mantêm, nem com o prestígio da tradição, nem com o influxo que na igreja solene e aceso exerce na imaginação e sentidos, nem com o espanto que com a ameaça da condenação suscita nas almas, por ensinar nas escolas a meninos e meninas seu culto a todos aqueles cujos pais o solicitam, pode esta obra de séculos se sustentar?" (*op. cit.*, vol. 7, pág. 426).

Não foi diferente a experiência que teve Martí do catolicismo nos Estados Unidos, porque logo se deu conta da hipocrisia que o sustentava. Vejamos como se originou e desenvolveu:

".. nos ombros dos imigrantes irlandeses, nos quais como os poloneses, se fortaleceu a fé religiosa porque seus santos em tempos passados foram os caudilhos de sua independência, e porque os conquistadores normandos e ingleses atacavam sempre sua religião e sua pátria... O cura irlandês foi a medicina, o travesseiro, o verso, a lenda, a cólera da Irlanda...

Assim cresceu rapidamente, sem razão pasmo nem maravilha, o catolicismo nos Estados Unidos, não por haver brotado de forma espontânea, nem crescimento verdadeiro, mas por simples transplante. Tanto mais havia católicos nos Estados Unidos a cada final de ano, quantos imigrantes chegavam com ele da Irlanda... Esse foi o cimento do catolicismo nos Estados Unidos: os homens de camisa sem colarinho e de jaqueta sem tecido de lã grossa, pobres mulheres de lábios inferiores grossos e mãos escaldadas.

A vaidade e a pompa continuaram a obra iniciada pela fé; desdenhando a gente humilde, a quem devia seu estabelecimento e abundância, levantou a Igreja dinheiro nas ruas mais ricas, deslumbrou facilmente com seu aparato suntuoso o vulgar apetite de ostentação, comum às pessoas de enriquecimento súbito e pouca cultura, a aproveitou as naturais agitações da vida pública em época de estudo e reajuste das condições sociais, para se apresentar ante os ricos alarmados como o único poder que com seu sutil influxo nos espíritos podia refrear a marcha temível dos pobres, mantendo-lhes viva a fé num mundo próximo em que se há de saciar sua sede de justiça, para que assim não sintam tão ardentemente o desejo de saciá-la nesta vida" (*op. cit.*, vol. 11, págs. 142-143).

Martí acusa em seus escritos o catolicismo norte-americano por ser responsável pelo surgimento de um novo tipo de corrupção: a da política eleitoreira. Deste modo, Sherman e Blaine "passam por católicos", "que é coisa excelente, para obter o voto da religião" (*op. cit.*, vol. 12, pág. 454).

Existem para Martí dois pecados inadmissíveis, imperdoáveis da Igreja de Roma: o dogma que cega e agrilhoa, e o abuso do poder, que degrada o homem. Claro que esses pecados têm de imediato, e sempre, conseqüências políticas. Disse na Espanha em 1881:

"A casa de combate é agora o senado. Dum lado se sentam os ministros revolucionários, pleiteando as leis de reforma...do outro lado, com passo solene, vãs a seus amplos assentos, envoltos em suas roupas majestosas, os grandes da Igreja, os arcebispos e bispos, os grandes da monarquia..."(*op. cit.*, vol. 14, pág. 264).

E nos Estados Unidos de 1887, num marco político e econômico absolutamente diferente, a Igreja é a mesma e deve ser admoestada:

"Com que aquele que serve a liberdade não pode servir à igreja? Com que hoje, como há quatro séculos, o que se nega a retratar a verdade que vê, e que a igreja acata onde não a pode vencer, ou tem que ser vil, e negar o que está vendo, ou ao preço de haver erguido numa diocese corrupta, um templo sem manchas jogado ao esterco, sem água benta nem solo sagrado para seu cadáver? com que a Igreja se volta contra os pobres que a sustentam e os sacerdotes que estudam seus males e arroja o céu na hora do amargor do lado dos aflitos, e arremete com eles, como nos tempos do anátema e da flor do Papado, contra os que não entendem bem que as coisas do mundo andem de modo que um homem vulgar acumule sem emprego o que bastaria para sustentar cinqüenta mil homens? Com que a igreja não aprende história, não aprende liberdade, não aprende economia política? Com que crê que este mundo de agora se governa com cochichos e vilanias, de hediondo malfeitor a rei idiota, de veneno na colher, com calabouço para tortura, murmúrios e intrigas, de augúrio a excomunhão, de cumplicidade na venda, como nos tempos de Estes, Sforzas e Gonzagas?" (*op. cit.*, vol. 11, págs. 241-242).

Protestantismo

Não foram encontrados comentários martianos sobre o protestantismo na Espanha e no México durante os poucos anos que viveu nesses países, embora se saiba da existência ali de grupos protestantes. Suas primeiras referências sobre o assunto estão relacionadas com os acontecimentos em Toluca onde houve protestantes envolvidos, porém aparecem sem maiores dados ou juízos. É a partir de 1880 que Martí começa a ter maior sistematização no conhecimento deste ramo do cristianismo, exatamente quando se translada para os Estados Unidos, onde predominavam as igrejas protestantes. Dentro do período inicial de fascinação, o protestantismo encontrou seu lugar. Isto é explicável. Tanta era a frustração com a Igreja de Roma nos países anteriormente mencionados, que pela experiência de uma visão distinta em um país de liberdade de culto e reunião, o protestantismo se fez simpático; e os protestantes com seu dinamismo ético, ele os considerou cidadãos exemplares. Em conseqüência, sua perspectiva resultou de menor censura, pelo menos enquanto não descobriu seus pontos vulneráveis.

Não se pode desconhecer em Martí o agrado e admiração pela figura de João Calvino, a tal ponto que advogava: "todo homem devia pendurar em suas paredes como o de um redentor, o retrato de Lutero" (*op. cit.*, vol. 13, pág. 442).

Num escrito intitulado *A liberdade religiosa nos Estados Unidos*, que nunca foi publicado enquanto Martí foi vivo e provavelmente escrito no México, refere-se a que "a religião muda em nossos tempos", e também Calvino:

"Desta reforma religiosa e da persistente demanda duma mudança que coloque a religião sobre bases racionais, temos prova cabal, pelo que faz o país vizinho, na censura que os próprios diários que dissimuladamente defendem o catolicismo, castigaram, temerosos de se afastarem da opinião, a tenacidade com que os velhos presbiterianos se opuseram na última assembléia a seita por revisar, como obra humana que é, o dogma desnaturado e violento de João Calvino, que veio de lógica em lógica, partindo do absurdo da autoridade absoluta duma Igreja num mundo de várias igrejas, no qual, ele que desconhece, por não estar onde impere a doutrina presbiteriana, está destinado, como os recém-nascidos, que são sementes da imundície, a chamá-las infernais. Disse com razão em plena assembléia, um dos sacerdotes presbiterianos do partido jovem, que os homens já eram "bastante cavalheiros para crer em semelhantes iniqüidades! A peleja pela revisão do Credo de Calvino é um passo a mais para essa religião do futuro, que se há de fundar, com profunda beleza e sem mistérios pueris, na natureza divina e reverente do homem" (*op. cit.*, vol. 19, págs. 397-398).

Sobre a Igreja Protestante em geral, Martí afirma que esta "guarda, apesar de sua estreiteza – por que não dizê-lo? – a semente da liberdade humana" (*op. cit.*, vol. 10, pág. 204). Quando se trata da Igreja Protestante nos Estados Unidos, o cubano descobre e escuta por vezes clamores de justiça, quando se dispõe a apoiar as mudanças estruturais que reclama a sociedade.

"Assim se vê que a opinião de massa, a própria imprensa dos capitalistas, que jamais a própria Igreja, a Igreja Protestante, aceita a revisão do sistema social de agora, e está pensando numa maneira de ir colocando um pouco do mármore que sobra numa rua, do lado que falta em outras" (*op. cit.*, vol. 10, pág. 448).

A nova religião

Martí tinha claro que tanto o protestantismo como o catolicismo haviam sido *"desfigurados por maus sectários"* (*op. cit.*, vol. 11, pág. 242). Por isso propõe objetivos e métodos de retificação e saneamento, que incluem tanto o retorno aos princípios fundamentais da fé, como a manipulação de elementos desconhecidos ou preteridos.

Martí defende a idéia de uma religião nova, "pois não propomos nada menos que a religião nova e sacerdotes novos!" (*op. cit.*, vol. 8, pág. 290), de "amor participante entre os homens" (*op. cit.*, vol. 2, pág. 279), uma religião "natural e bela". Há de partir essa religião do "inconformismo em relação à existência atual, e à necessidade de algo que realize o que concebemos" (*op. cit.*, vol. 6, pág. 313), e terá como objetivo "lograr a virtude: não por dever, nem por castigo, senão por patriotismo, conhecimento e trabalho" (*op. cit.*, vol. 7, pág. 120).

Essa religião será "a verdadeira, que vai surgindo do conhecimento científico do mundo" (*op. cit.*, vol. 10, pág. 388), porque "o mundo é religioso" (*op. cit.,* vol. 12 , pág. 306).

A religião terá de ser nova porque ela "conduz o exercício da liberdade" (*op. cit.*, vol. 13, pág. 33), já que "nada mais ajuda eficazmente que a liberdade da verdadeira religião" (*op. cit.*, vol. 19, pág. 397). Assim virá a ser "religião definitiva": "uma fé que há de substituir à que morreu, e que surge da paz do homem redimido" (*op. cit.*, vol. 13, pág. 140).

A nova Igreja

Tal religião "nova" irá se articular numa instituição apropriada, na "igreja nova", onde seus sacerdotes serão "condutores dos homens, obreiros do mundo futuro, cantores da alvorada" (*op. cit.*, vol. 5, pág. 103), igrejas que serão "... mansão de inteligências ricas e vivazes, repletas de grupos animados de jovens que se preparam para levar aos povos a palavra da história humana, os reagentes da química, a trilha, o arado, a revelação das potências da Natureza" (*op. cit.*, vol. 7, pág. 120).

A transformação das igrejas não pode ser tarefa fácil, nem apressada, porque é forte a tradição, e são muitos os interesses. Frente ao "ataque próximo das novas classes" existe "uma tentativa de agrupamento das forças altas, da igreja, do exército, do banco, do governo central", "como componentes deste corpo conservador" (*op. cit.*, vol. 10, pág. 340). Novamente no ataque, Martí mostra que quando se trata de "criar na democracia mais livre do mundo a mais injusta e desavergonhada das oligarquias", ali está a Igreja "junto à magistratura, à representação nacional, a própria imprensa, corrompidas pela cobiça..." (*op. cit.*, vol. 11, pág. 437).

MARTÍ E A LITERATURA

É um grande privilégio para Cuba e para a América Latina que um pensador da independência como José Martí Pérez, tenha sido ao mesmo tempo, um dos maiores ápices da língua e da criação literária da hispano-américa. Toda sua obra mostra uma vontade de estilo, uma forma bonita e peculiar de utilizar a linguagem que adverte ao leitor Inteligente, que se encontra diante de um mestre da pena, chegando a desfrutar de sua leitura desde as primeiras frases.

Um homem como Martí, de letras e pensamento novos, necessitava e ansiava, desde suas primeiras tentativas intelectuais, possuir um órgão próprio para difundir suas idéias; assim, desde sua tenra juventude, tratar de possuir um jornal ou revista onde expor livremente suas opiniões, tais como são os casos de *El Diablo Cojuelo* (1869), a *Revista Guatemalteca* (1877), a *Revista Venezolana* (1880), a revista *La América* (1882-1884), a revista *La Edad de Oro* (1889) e o jornal *Pátria* (1892-1895). Lamentavelmente, com exceção de *Pátria,* os demais projetos fracassaram, na maioria dos casos, mais por razões políticas que econômicas.

A obra escrita de Martí mostra facilmente o caráter unitário de seu pensamento, donde a história, a moral, a política, a arte e a ciência se fundem de maneira indissolúvel, tendo como centro a preocupação pelo destino do homem e o recriar da natureza. Daí que não possa se separar, na selva de seus papéis, as obras de valor literário, dos textos político-sociais.

Para escrever, segundo Martí, a beleza da forma é essencial, pois é *"o modo mais curto de chegar ao triunfo da verdade, e de colocá-la ao mesmo tempo, de maneira que perdure e seja uma centelha, nas mentes e nos corações"*.

Martí sustentou, ante o mundo utilitarista e pragmático que o rodeava, o essencial da poesia para as almas e se pergunta: "Quem é o ignorante que sustenta que a poesia não é indispensável aos povos? Há pessoas duma visão mental tão curta, que acreditam que toda fruta termina na casca. A poesia, que congrega ou desagrega, que fortalece ou angustia, que apruma ou derruba as almas, que dá ou tira dos homens a fé e o alento, é mais necessária aos povos que a própria indústria, pois esta lhes proporciona o modo de subsistir, enquanto que aquela lhes dá o desejo e a força da vida".

O apuro do estilo e a beleza da composição estão presentes nos distintos gêneros literários em que Martí se expressou, tanto em seus trabalhos jornalísticos (artigos, ensaios, crônicas e reportagens); obras dramáticas; documentos públicos (proclames, manifestos); novelas; traduções; informes diplomáticos; prólogos; críticas de arte e literatura. Seus escritos mais íntimos não são menos cuidados, prova disto é seu profuso epistolário, as formosas dedicatórias e os diários de viagem e de campanha, onde a linguagem brilha com matizes intensos e diferentes. É uma prosa poética, que plasma fielmente seus pensamentos segundo a natureza do tratado, sem justificar a aspereza da linguagem por se tratar de questões sociais pois dizia: "à poesia, que é arte, não vale desculpá-la como sendo patriótica ou filosófica, mas que há de resistir como o bronze e vibrar como a porcelana".

A crueza das sociedades em que viveu, o impulsionaram a converter a arte e a literatura em ferramentas para embelezar a vida postulando que "enquanto haja um bem por ser feito, um direito a defender, um livro sadio e forte que ler, um rincão no monte, uma boa mulher, um verdadeiro amigo, terá vigor o coração sensível para amar e louvar o belo e ordenado da vida, odiosa às vezes pela brutal maldade com que soem enfeiá-la a vingança e a cobiça".

Assim, no período de 1881-1882, tão difícil para o proscrito achatado pelo peso do malogro do movimento de independência em Cuba e pelos problemas pessoais (separado de sua esposa e filho), vive um período de produção poética fecunda. Escreve muitos de seus extraordinários *Versos Libres* e em abril de 1882, surge seu primeiro livro de poemas: *Ismaelillo* dedicado a seu filho José Francisco Martí y Zayas-Bazán. Esta pequena jóia da obra martiana, marcou o início de toda uma revolução na poesia latino-americana e é leitura favorita de pequenos, jovens e adultos. Neste fragmento da dedicatória dos poemas, o herói mostra uma constância de seu otimismo humanista, mesmo nos momentos mais difíceis

"Filho:
Espantado com tudo me refugio em ti.
Tenho fé na melhora do ser humano, na vida futura, na utilidade da virtude e em ti".

No intelecto martiano se fundiam as diferentes formas da consciência, e a literatura adquiria um significado próximo à religião pois "A literatura que inculca no espírito espantadiço dos homens uma convicção tão arraigada da justiça e beleza definitivas, que as penúrias e feiúras da existência não destruam os corações nem confira amargura, não só revelará um estado social mais próximo à perfeição que todos os conhecidos, senão que irmanando felizmente a razão e a graça, irá prover a humanidade, ansiosa de maravilha e poesia, com a religião que confusamente aguarda desde que conheceu as palavras ocas e a insuficiência de seus antigos credos".

O apóstolo não escreveu nada que não estivesse a serviço dos mais legítimos interesses dos homens. Para Martí "as palavras estão demais, quando não têm fundamento, quando não esclarecem, quando não atraem, quando não acrescentam".

O estado incipiente da criação literária na América Latina associava-o ao novo dos povos da região pois "com povos novos, é essencial que uma nova literatura surja (...) Não somos ainda bastante americanos; todo continente deve ter sua própria expressão; temos uma vida legada, e uma literatura balbuciante".

Como crítico de arte, Martí compartilha da visão do mundo dos artistas mais avançados de sua época; assim, sobre os pintores impressionistas afirma em 1886: "Estes são os pintores fortes, os pintores varões, os que cansados do ideal da Academia, frio como uma cópia, querem deixar indene na tela, palpitante como uma escrava nua, à natureza".

A pena martiana era tão original como seu pensamento e o amplo domínio da cultura universal – não só da européia – converte-o num autor de múltiplos recursos e temáticas, capaz de evocar a história e a mitologia, tanto americana como européia, enquanto escrevia uma crônica teatral ou parlamentarista.

No dizer do poeta e ensaísta cubano Roberto Fernández Retamar, Martí foi "um escritor praticamente deslumbrante, dono do idioma como não o havia desde os Séculos de Ouro". Certamente, a linguagem de Martí parece lembrar aos clássicos espanhóis: Cervantes, Quevedo, Santa Tereza e Gracián, porém Martí não se dedicou a seguir as pautas da velha escola espanhola, pois para ele "conhecer diversas literaturas é o melhor meio de se libertar da tirania de algumas delas". Da Espanha, Martí tem, antes de tudo, o domínio e o amor pelo idioma castelhano, do qual foi defensor e inovador ao mesmo tempo.

A preocupação do Martí escritor estava em trazer à tona e promover a nova literatura da Nossa América, o que a respeito afirmava: "Não existem letras, que são expressão, até que haja essência mais que nelas expressar. Nem haverá literatura hispano-americana, até que haja uma Hispano-américa". Aos escritores da Nossa América, que se contentavam com a cópia dos modelos e dos temas europeus, os acusava de "apostasías em literatura, que preparam debilmente os ânimos para as lutas vindouras e originais da pátria. Assim, comprometem seus destinos, distorcendo-a para ser cópia da história e de povos estranhos".

A produção escrita de Martí como parte de sua grande obra de fundação, está a serviço do homem, dos seres mais necessitados e transborda de sede de justiça e espírito de luta e sacrifício. É nesse sentido que afirmava em seus *Versos Sencillos*: "quanto mais funda é a ferida, mais bonito é meu canto: com os pobres do mundo quero minha sorte compartilhar e sou Arte entre as artes. Nos montes, sou monte".

Sua influência sobre a intelectualidade do continente foi imediata. Assim, ao conhecer ao grande poeta nicaragüense Rubén Darío, em 1889, ambos os artistas se fundem num abraço e este o diz: " Pai", ao que o cubano responde: "Filho". Por sua vez, a grande poetisa chilena Gabriela Mistral afirmou que: "A língua espanhola, nem na Europa nem na América, disse o que foi dito pela pluma e pela boca do libertador cubano".

Entre os escritores e críticos mais importantes do século XX, espanhóis e latino-americanos, é comum a admiração por Martí. Assim, na Espanha, Miguel de Unamuno, Juan Ramón Jiménez e Francisco de Onís contribuíram, com juízos acertados e bem fundamentados, para a valorização da obra martiana. J.R. Jiménez, prêmio Nobel de literatura, exclamou: "Sentia por ele, pelo que ele sentia, o que se sente na luz, debaixo da árvore, junto à água ou com uma flor".

Na Hispano-américa sua chegada foi amplamente louvada pela crítica, destacando-se, entre elas, as do mexicano Alfonso Reyes e pelo porto-riquenho Pedro Henríquez

Ureña. Para todos eles foi transcendental o encontro com a linguagem metafórica, sentenciosa, pictórica e eloqüente de José Martí.

É necessário levar em conta, além disso, que nos textos martianos é facilmente perceptível a relação da literatura com outras artes que Martí conheceu em profundidade, tais como: a pintura, a escultura, a música, o teatro e a arquitetura. Assombra mais ainda a presença da natureza na obra de Martí, chegando a se converter em certas ocasiões, num verdadeiro canto panteísta, e para dizê-lo em termos atuais, de caráter ecológico.

Em princípios do século XXI, quando a banalidade da chamada "cultura de massas" pretende se impor em escala mundial, o Martí escritor e pensador continua vivendo pela profundidade de suas idéias e pela bela forma de expressá-las. O tempo lhe deu razão quando postulou "Meu verso irá crescer; sob a grama eu também crescerei".

MARTÍ E O JORNALISMO

O apostolado de Martí pela independência de Cuba e da Nossa América, teve na imprensa um de seus veículos mais eficientes.

Desde os 16 anos, Martí dedicou-se ao gênero jornalístico, com seu primeiro artigo *O Yara ou Madrid,* publicado no jornal satírico *El Diablo Cojuelo* (Havana, 19-1-1869). Alguns dias depois, em 23 de janeiro de 1869, no *La Pátria Libre* apareceu seu poema dramático *Abdala,* que não obstante continua sendo favorito da juventude, onde aflorava a contradição na qual se debatiam os jovens cubanos, que como ele, deviam escolher entre o amor de seus pais espanhóis e o chamado da Pátria rebelde. Nesse único mês de liberdade de imprensa nos dez anos de guerra, também publicou, no jornal estudantil manuscrito *Siboney,* seu soneto *Dez de Outubro,* saudando a data de início das lutas de independência com verbos vibrantes como esses:

"Não é um sonho, é verdade
Grito de guerra lança o cubano povo enfurecido
O povo que sofreu três séculos
Quanto de negro a opressão encerra".

Desterrado na Espanha, com apenas 17 anos, utiliza a imprensa como arma de luta para divulgar a verdade do que ocorre em Cuba, e enfrenta os jornais reacionários que apresentavam aos cubanos como meros flibusteiros. Vários jornais espanhóis de talho liberal, como *La Discusión, El Jurado Federal e La Cuestión Cubana,* abriram a ele generosamente suas portas.

Mas será no México, entre 1875 e 1877, onde Martí se mostra como jornalista brilhante e audaz, sobressaindo-se por suas crônicas parlamentares, críticas de arte, fundamentalmente do mundo teatral da capital mexicana e dos chamados *Boletins de Orestes*. Chega a se converter nos dos redatores destacados da grande urbe mexicana. Os *Boletins de Orestes* têm um significado especial, pois neles Martí passa revista a diferentes aspectos da vida mexicana: questões econômicas, como a pugna entre protecionistas e livre-cambistas; lutas operárias; debates parlamentares; problemas dos indígenas; cultura; filosofia; costumes e outros. Nessa passagem, dá constância a seu conceito de jornalismo e de qual deve ser a missão da imprensa e dos jornalistas.

Durante sua permanência na Guatemala (1877-1878) amadurece em Martí a pretensão de criar um órgão de imprensa próprio para a divulgação de suas idéias, projeto que tenta plasmar na chamada *Revista Guatemalteca,* que nunca chegou a publicar, embora muitas de suas idéias apareceram no folheto *Guatemala* que publicara no México, em 1878.

O ano de 1880 o surpreende tratando de se instalar nos Estados Unidos, com todo o trauma que isto significa para um homem de mente e coração latinos. É precisamente na imprensa norte-americana, onde encontra sua primeira ocupação e substitui a outro como crítico de arte nos jornais *The Hour* e *The Sun,* de Nova York, principalmente neste último, dirigido pelo grande empresário de jornais Charles Dana, que admirou os dotes de Martí e o fez ficar conhecido em seu diário, com o artigo *A última obra de Flaubert.*

Desse período são também suas *Impressions of America,* visões interessantíssimas da sociedade norte-americana colocadas na boca de *A very fresh spaniard,* personagem literário empregado por Martí como autor.

Se na Guatemala publicou apenas dois artigos na incipiente imprensa local, por sua vez na Venezuela, onde chega em janeiro de 1881, foi assíduo colaborador de *La Opinión Nacional,* o diário mais importante de Caracas, chegando a participar nele com uma coluna permanente, chamada *Sección Constante,* dedicada a comentários de atualidades.

É na pátria de Bolívar, aonde Martí chega a tornar realidade seu sonho de um jornal, publicando a *Revista Venezolana,* da qual só dois números puderam ver a luz (julho de 1881). Nesta revista foi Redator-chefe e Diretor. Os textos que subscreveu deram mostras imorredouras da nova forma de escrever da qual precisava Nossa América, sobressaindo-se o elogio mortuário ao grande intelectual venezuelano Cecilio Acosta, a quem muito admirou e que provocou a ira do ditador António Guzmán Blanco.

O aparecimento do primeiro número da *Revista Venezolana* foi um acontecimento na Venezuela, provocando grande louvor e fortes censuras, tanto ao conteúdo como à forma da linguagem utilizada. A resposta de Martí a essas últimas, apareceu no segundo número da revista, no artigo de fundo *El carácter de La Revista Venezolana,* verdadeiro manifesto do pensamento renovador nas letras americanas.

Na década de 1882-1891, Martí escreve suas famosas "*Escenas Norteamericanas*", crônicas que envia aos mais importantes jornais da América Latina, começando com *"La Opinión Nacional"* de Caracas, entre 1881 e 1882 e continuando a partir de então com *"La Nación"* de Buenos Aires (até 1891) e posteriormente com "*El Partido Liberal*", da Cidade do México (1886-1892). Ante os leitores latino-americanos começaram a desfilar diferentes momentos da vida dos Estados Unidos, como num documentário cinematográfico. É admirável como Martí chegou a descobrir ante seu público, figuras daquele país, que seus contemporâneos apenas conheciam e que posteriormente foram altamente apreciadas, como o poeta Walt Whitmann, o escritor Mark Twain e o filósofo Ralph Waldo Emerson.

As cartas de Martí, de Nova York logo se converteram em favoritas dos leitores da Hispano-américa e mais de trinta jornais de diversos países latino-americanos começaram a reproduzi-las. Dessa forma, Martí se converte num dos primeiros correspondentes estrangeiros no território dos Estados Unidos. Com o tempo e com sua dedicação ao estudo da história e da realidade norte-americana, afirmou-se que ele era o latino-americano que melhor conhecia aos Estados Unidos.

José Martí aproveitou sua estadia no país do norte – fundamentalmente o período de 1883 e 1884, no qual foi sucessivamente, colaborador, redator, chefe da seção de letras e diretor da revista *La América,* editada em espanhol para os leitores hispano-americanos – para fazer propaganda, na América Latina, dos progressos da ciência, da técnica e da cultura que eram aplicadas naquele país e era possível introduzir aqui, dando ênfase à experiências pedagógicas de ponta. É por isso que muitos de seus principais escritos sobre educação aparecem nas páginas de *La América*.

Na grande cidade norte-americana, o cubano não pestaneja em seu empenho de criar seu próprio órgão de imprensa e em 1889, funda a revista para crianças *La Edad de Oro,* produzida pelo generoso brasileiro Aaram da Costa Gomes. Esta publicação, da qual só apareceram 4 números (julho-outubro), constituiu uma verdadeira revolução na literatura para crianças escrita na América, mantendo-se até hoje como uma experiência bastante *sui generis*.

A necessidade de participar da imprensa se tornou crucial para Martí no momento em que alcançou um posto de liderança entre os patriotas cubanos e estabeleceu para si a meta de criar um partido único dos revolucionários para conseguir triunfar na "Guerra Necessária" contra o velho regime colonial espanhol, que sufocava a sociedade cubana. Existiam então, inúmeros jornais cubanos no exílio, mas nenhum podia ser porta-voz das idéias de Martí, pois estavam presos às velhas maneiras de fazer a revolução. Foi através dele, que em 14 de março de 1892, depois de vencer inúmeros obstáculos, surge o jornal de Martí: *Pátria*, onde iria publicar seus artigos ideológicos mais importantes e daria mostras de como deveria ser feito um jornal ameno e profundo.

Como bem ressaltava Martí, *Pátria* não era o órgão oficial do Partido Revolucionário Cubano (PRC), embora em suas páginas tenham aparecido os documentos do PRC e tenha respondido aos seus ideais. Diante da insistência de alguns clubes revolucionários para que lhe desse esse qualificativo, Martí explicou que "para Pátria, é um grande prêmio o de ser órgão do patriotismo virtuoso e fundador", nada mais. *Pátria* era um órgão independente e seu credo era mais radical ainda que o próprio partido criado por Martí.

Um pequeno número de colaboradores trabalhava em *Pátria,* exercendo todas as atividades que requer a impressão de um jornal. Todos eram revolucionários comprometidos com a causa da independência e afins ao pensamento de Martí, destacando-se entre eles o porto-riquenho Sotero Figueroa e o jovem cubano Gonzalo de Quesada y Aróstegui, que era, por sua vez, Secretário do Delegado do Partido Revolucionário Cubano.

O conteúdo do jornal era eminentemente político, com algumas seções dedicadas a outros temas, tais como *En*

Casa, destinada à crônica social mais útil e bela da comunidade de exilados cubanos e *Caracteres,* esboços biográficos de heróis pouco conhecidos das guerras anteriores, escritas pelo general e grande amigo de Martí, Serafín Sánchez Valdivia. Em 1893, esses caracteres foram compilados pelo Mestre no livro *Heróis Humildes.*

Os artigos de *Pátria,* escritos em sua maior parte por Martí, abordaram distintos temas, sendo os mais repetidos: os políticos (luta ideológica contra os cubanos pró-espanhóis, autonomistas, e anexionistas, inimigos da revolução); os sociais (irmandade entre cubanos brancos e negros; conflitos operários em Cayo Hueso e características da futura república) e os relativos à sociedade e política nos Estados Unidos.

Especial interesse tinha *Pátria* em explicar a natureza universal da luta do povo cubano por ter a pátria livre, como parte integrante do longo processo de agonia do Império Espanhol (guerras nas Filipinas e no Marrocos e o problema das autonomias na Península) e da luta em geral pela libertação definitiva do homem e a obtenção de maior justiça possível, pois "Pátria é humanidade, é aquela porção da humanidade que vemos mais de perto, e na qual nos coube nascer". ("La Revista Dominicense", seção <u>En Casa</u>, *Pátria*, 26-1-1895).

Todo o trabalho jornalístico de Martí constituiu uma perene demonstração do que ele mesmo ressaltava na boa imprensa: "o dom da propaganda, de espargir, de se comunicar, de se introduzir pelo mundo", posto a serviço de defender as maiores aspirações e interesses da humanidade.

REFLEXÃO E DEBATE

1. Em qual sentido e por quais razões referiu-se José Martí, insistentemente, à necessidade de uma segunda independência para a América Latina?
2. Por que Martí associou a independência de Cuba e de Porto Rico à união das nações latino-americanas?
3. Além de preocupar-se com a política, Martí dedicou-se também a temas como Educação, Literatura, Economia, Sociedade e Arte. Qual foi a sua motivação para isso?
4. A questão dos Estados Unidos parece ter sido uma obsessão para Martí, pois percorre toda a sua obra. Relacione essa característica com a política externa norte-americana.
5. Argumente sobre o tema da religião no pensamento de Martí.

BIBLIOGRAFIA

CEPEDA CLEMENTE, Rafael. *Lo ético-cristiano en la obra de José Martí.* Prólogo de Cintio Vitier y Fina García Marruz. Matanzas: Centro de Información y Estudio "Augusto Cotto", 1992.

——————————. *José Martí. Su verdad sobre los Estados Unidos.* La Habana: Editorial Camino, 1995.

CESAR, Constança Marcondes. *Filosofia na América Latina.* São Paulo: Edições Paulinas, 1988.

FICHOU, Jean-Pierre. *A Civilização Americana.* Tradução de Maria Carolina F. de Castilho Pires. Campinas: Papirus, 1990.

FORNET-BETANCOURT, Raúl. José Martí y su crítica a la filosofía europea. In: *Elementos para una lectura filosófica de José Martí.* Http//ensayo.rom. uga.edu/filosofos/cuba/marti3.htm.

GALLO, Gaspar Jorge García. *Bosquejo histórico de la educación en Cuba.* La Habana: Editora Pueblo y Educación, 1978.

GÓMEZ-MARTÍNEZ, José Luis. Pensamiento hispanoamericano: siglo XIX. Http://ensayo.rom.uga.edu/critica/generales/gomez3.htm.

MARTÍ, José. *Ideário Pedagógico.* La Habana: Editorial Pueblo e Educación, 1990.

——————. *La Edad de Oro.* La Habana: Editorial Pueblo y Educación, 1994.

——————. *Nossa América.* Introdução Roberto Fernández Retamar. São Paulo: Editora HUCITEC, 1991.

_____. *Obras Completas*. Tomos 4, 5, 6, 7, 8, 9, 10, 11, 12, 13, 14, 19, 20, 21, 23, 27. La Habana: Editora Nacional de Cuba, 1963-1973.

MARTÍNEZ ESTRADA, Ezequiel. *Martí revolucionário. 2ª* Edición. La Habana: Editora Casa de las Américas, 1974.

MARTINEZ, Francisco Ibarra. *Los cinco entierros de José Martí*. Santiago de Cuba: Palácio de las Convenciones, 1995.

MONAL, Isabel. "José Martí: del liberalismo al democratismo antimperialista". In *Revista Casa de las Américas, n. 76. Año* XIII, Enero-febrero, 1973.

OSCARI, Roberto R. Hernández & JIMENEZ, Elsa Veja. *História de la educación latinoamericana*. La Habana: Editora Pueblo y Educación, 1995.

PEREZ, Emma. *História de la pedagogia de Cuba. Desde los orígenes hasta la guerra de independencia*. La Habana: Cultural S.A., 1945.

RECIO, Rolando Buenavilla y outros. *História de la pedagogia en Cuba*. La Habana: Editora Pueblo y Educación, 1995.

RIPOLL, Carlos. José Martí: *Antología Mayor. Prosa y Poesía*. New York: Editora Dos Ríos, 1995. Http// www.eddosrios.org/marti/antologia_ mayor/index.htm.

_____. *José Martí: Letras y Huellas desconocidas*. New York: Editora Dos Ríos, 1995. Http// www.eddosrios.org/marti/letras_huellas/ index.htm.

_____. *José Martí. Obras Completas*. New York: Editora Dos Ríos, 1997. Http//www.eddosrios.org/marti/ obras_completas/index/htm.

_____. *José Martí: Notas y estudios*. New York: Editora Dos Ríos, 1997. Http//www.eddosrios.org/marti/notas_estudios/index.htm.

_____. *José Martí: Una cronología (1853-1895)*. New York: Editora Dos Ríos, 1995. Http//www.archipielago.org/marti.htm.

_____. *Martí: Político, estadista, conspirador y revolucionário*. New York: Editora Dos Ríos, 1997. Http//www.eddosrios.org/marti/martí-político/index.htm.

RODRIGUEZ, Justo A. Chávez. *Bosquejo histórico de las ideas educativas en Cuba*. La Habana: Editorial Pueblo y Educación, 1996.

ZEA, Leopoldo (Comp.). *Fuentes de la cultura latinoamericana*. Tomo I, México: Fondo de cultura Económica, 1995.

_____. *Fuentes de la cultura latinoamericana*. Tomo II. México: Fondo de Cultura Económica, 1993.

IMPRESSO NA

sumago gráfica editorial ltda
rua itauna, 789 vila maria
02111-031 são paulo sp
telefax 11 **6955 5636**
sumago@terra.com.br